Quarante ans à son Poste

Essai biographique

PAR

ORDEP

Librairie Lecoffre
J. Gabalda & Cie

Quarante ans
à son Poste

TYPOGRAPHIE FIRMIN-DIDOT ET Cie. — MESNIL (EURE).

Quarante ans à son Poste

Essai biographique

PAR

ORDEP

PARIS
LIBRAIRIE VICTOR LECOFFRE
J. GABALDA & Cie
RUE BONAPARTE, 90

1907

Quarante ans à son Poste

CHAPITRE PREMIER

LE PAYS NATAL.

La Magistère est une commune du Tarn-et-Garonne sur la ligne d'Agen à Montauban. Elle ne figure pas sur les cartes géographiques qui se respectent et qui se font un devoir de ne marquer que les chefs-lieux de département et d'arrondissement; mais son nom est inscrit en très gros caractères, j'ose dire en lettres d'or, dans la pensée de tous les viticulteurs et pruniculteurs de la contrée. En effet, la sève qui forme les fameux pruneaux d'Agen circule aussi dans les branches des pruniers de La Magistère, sans se soucier des frontières officielles qui séparent le Lot-et-

Garonne du Tarn-et-Garonne. C'est toujours la Garonne qui communique aux terrains qu'elle arrose sa généreuse fécondité. Et la preuve de mon assertion est que le vin de La Magistère n'est pas désagréable; on dirait presque du petit Bordeaux. Encore une générosité de la Garonne!.... Ah si la Garonne avait voulu, elle aurait fait bien d'autres merveilles..... Mais la Garonne est modeste, quoi qu'en disent les Gascons. Elle n'a pas voulu faire tout ce qu'elle aurait pu.

Eh bien donc, pour parler dans le style de La Magistère, c'est dans ce fortuné coin du monde que naquit le 16 juin de l'an de grâce 1830, Gustave Cancel, d'une honnête famille de propriétaires, dans laquelle la foi et l'honneur se perpétuaient de père en fils. Il fut élevé en conséquence. Sa pieuse mère se chargea de façonner son tendre cœur, tandis qu'il apprenait à l'école primaire la lecture, l'écriture, l'histoire sainte et le calcul. M. le curé trouva en cet enfant un disciple intelligent et docile, et ce fut un jeu pour Gustave que d'apprendre le catéchisme de la première communion.

Qu'elle était belle La Magistère en ce temps-là!

Il n'y avait pas encore de chemin de fer, invention utilitaire qui enlaidit et corrompt tous les pays qu'elle traverse. C'étaient les grandes diligences qui allaient de Bordeaux à Toulouse et vice-versa qui faisaient halte à La Magistère. C'étaient les bateaux de cabotage qu'on voyait passer à voiles déployées sur la Garonne, ou les gabares qu'on halait le long du canal du Midi avec de forts chevaux dont les sabots faisaient jaillir des pavés du chemin des gerbes brillantes d'étincelles. Et le petit Gustave, en sortant de l'école, ou en revenant de l'église, aimait à courir avec ses camarades, à la place principale du bourg, devant la grande auberge, le Continental d'alors, où se faisaient les relais. Il admirait les postillons, les chevaux, les harnais, j'allais presque dire la bâche poudreuse de la capote. Sa jeune imagination s'enflammait alors en pensant qu'un jour peut-être, lui aussi monterait dans la grande chambre roulante pour émigrer aux lointains pays de Moissac ou de Nérac, car tout finit en « ac » dans cette heureuse patrie de Cyrano de Bergerac!

Un autre spectacle qui charmait Gustave était le défilé des troupes. Lorsque parfois dans les manœuvres, ou en changeant de garnison, les soldats passaient à La Magistère, musique en tête, et précédés des imposants sapeurs aux longues barbes, notre bambin devenait fou de joie; il suivait la troupe pendant des kilomètres sur la route, en chantant à tue-tête avec les braves petits troupiers :

La Victoire, amis, nous invite,
Ran tan plan, marchons au grand pas,
Ran tan plan, marchons au plus vite;
Abdel-Kader est là!

J'ai cité ces deux faits, car dans sa vieillesse, il aimait encore à rappeler ses impressions d'enfant à la vue des grandes diligences et des uniformes militaires, et il fredonnait volontiers le refrain d'Abdel-Kader.

Cependant Gustave avait grandi, et après sa première communion, il fut envoyé au petit séminaire d'Agen, plutôt qu'à celui de Montauban, à cause de la proximité. C'est là qu'il devait passer les années de son adolescence; et pendant que des maîtres pieux façonneraient avec une sage méthode son esprit et son cœur, Dieu, le maître des esprits et des cœurs, inspirerait à son futur apôtre les idées nobles et généreuses, de sacrifice, d'abnégation, de zèle pour le salut du prochain, et l'amour enflammé des âmes qui ont fait du petit Gustave Cancel un saint carme déchaussé et un vaillant missionnaire apostolique.

CHAPITRE II

AU COUVENT.

Lorsque Gustave eut atteint sa vingt et unième année, il prit le parti de réaliser le vœu qu'il formait déjà depuis quelques années de se faire religieux.

Au mois de juin 1851, il alla frapper à la porte du monastère de Broussey, noviciat des Carmes Déchaussés de la province d'Aquitaine, pour y demander humblement d'y être admis. Pourquoi Gustave choisit-il cet ordre austère? Il l'a souvent dit lui-même : parce que le Carmel est l'ordre privilégié de la Sainte Vierge, et que sa dévotion à Marie le lui fit préférer à tout autre.

De plus, pendant les années de son séminaire, il avait vu arriver à Agen, et s'établir sur le coteau de Saint-Caprais, à l'Hermitage, les Carmes Déchaussés. Ces moines étaient devenus bientôt un sujet d'édification pour toute la ville, et plusieurs jeunes gens, à l'âme ardente et généreuse, s'étaient laissé captiver et séduire par les nobles attraits de la vie religieuse du Carmel.

Mais disons un mot du monastère du Broussey et de son origine.

La grande Révolution française avait dispersé tous les ordres religieux, et les Carmes déchaussés n'existaient plus en France. Plusieurs étaient tombés sous le couperet de la guillotine, aux jours néfastes de la Terreur, dignes émules de leurs bienheureuses sœurs de Compiègne, et les couvents de l'Ordre étaient devenus la proie de la nation.

Les mauvais exemples sont contagieux. En Espagne les ordres religieux furent aussi supprimés quelques années après. Or un Carme espagnol qui avait joué un rôle important en Navarre, à la mort de Ferdinand VII, et dans l'armée de Don Carlos, se refugia à Bordeaux, en 1839, en attendant une occasion de passer au Mexique où il espérait retrouver la vie du cloître que les sectaires de l'époque lui rendaient impossible dans sa patrie.

C'était le R. P. Dominique de Saint-Joseph, mort Général des Carmes déchaussés, en 1870, à Rome, pendant le concile du Vatican, aux travaux duquel il avait pris une large part.

Cet homme prédestiné, à la demande de la Prieure des Carmélites de Bordeaux, et sur les instances du Cardinal Donnet, consentit à se fixer à Bordeaux, et fit même venir d'Espagne quelques-uns de ses frères en religion que les événements politiques avaient dispersés. Dès qu'ils furent réunis, ils recommencèrent à pratiquer ensemble les exercices de la vie religieuse, dans une petite maison que leur avait généreusement procurée la bonne Mère prieure. Telle fut la restauration de l'Ordre des Carmes déchaussés en France.

A cette même époque, un vénérable ecclésiastique, l'abbé Guesnau, propriétaire d'une campagne dans la commune de Rions, près de Cadillac, vint dire au cardinal qu'il voulait, avant de mourir, céder son domaine à quelque congrégation religieuse pour y établir une œuvre quelconque de piété ou de charité. Mgr Donnet proposa au R. P. Dominique de Saint-Joseph d'accepter le Broussey, c'était le nom du dit domaine, et d'y établir un noviciat de son Ordre, pour les vocations qui pourraient se présenter en France.

Dieu menait trop visiblement cette affaire, pour permettre l'hésitation. La fondation fut acceptée. Les offices y furent célébrés, pour la première fois, le Jeudi saint 1841, et le pieux donateur, M. l'abbé Guesnau, ne pouvant maîtriser les transports de sa joie, en mourut le même jour. Il repose au pied de la croix, au milieu du cimetière du couvent. Que Dieu ait pitié de son âme!

Le couvent du Broussey est bâti sur le sommet d'une colline et tout autour descendent dans de fraîches vallées, des vignobles, des prairies et quelques terres labourables. L'enclos du monastère contient un vaste potager, terminé par un joli bois de chênes. Non loin de là se dresse, sur une autre colline, l'historique château de Bénauge.

C'est là, dans ce site enchanteur, loin des fracas des villes, que les novices carmes apprenaient à se sanctifier, en méprisant le monde.

Notre Gustave reçut bon accueil au Broussey. Il fut bientôt revêtu de l'habit monacal, prit le nom de Frère Marie-Joseph de Jésus, et commença à mettre en pratique les enseignements des Pères préposés à sa formation religieuse.

Une année s'écoula dans cet exercice, et le 3 juillet 1852, il était admis à prononcer ses vœux d'obéissance, de pauvreté et de chasteté qui le liaient à Dieu pour toujours.

Son noviciat terminé, le Frère Marie-Joseph de Jésus s'appliqua aux études scolastiques. Il suivit le cours de philosophie au couvent de l'Hermitage d'Agen, puis celui de théologie au couvent de Carcassonne. Partout il fut un modèle de piété, d'observance régulière et de travail assidu, bien qu'il n'aimât pas trop les subtilités de la scolastique. Il avouait ingénument plus tard que, parfois, pendant que ses condisciples s'évertuaient à soutenir des thèses, à force d'*atqui* et d'*ergo,* lui s'amusait à dessiner des petits Chinois, au chapeau classique, à genoux au pied d'une croix, ou groupés autour d'un missionnaire... C'était le futur apôtre qui se révélait.

CHAPITRE III

EN ROUTE POUR LES MISSIONS.

Notre-Seigneur Jésus-Christ, en disant à ses Apôtres : « Allez, instruisez toutes les nations », a prononcé une parole que les théologiens appellent efficace ; c'est-à-dire qu'elle a produit ce qu'elle énonçait, et non seulement dans le temps de Notre-Seigneur et de ses apôtres, mais dans tous les temps et pour tous ceux en qui cet ordre divin devait faire naître la vocation de missionnaire.

Le Frère Marie-Joseph de Jésus l'entendit cette parole, dans le silence de l'oraison, et résolut dès lors de se mettre à la disposition de ses supérieurs pour aller aux missions, lorsque ses études seraient terminées, et qu'il aurait reçu les saints ordres.

La vie contemplative est plus élevée et plus parfaite en soi que la vie active ; celle-ci semble plus utile aux yeux du monde ; mais la vie mixte, composée de contemplation et d'action, est celle qui imite le mieux la vie de Notre-

Seigneur et de ses apôtres. C'est celle des bons missionnaires. Ils doivent d'abord s'adonner à la vie intérieure ou vie d'oraison, pour converser avec Dieu, s'unir à lui, et travailler à la sanctification de leur propre âme, et ensuite se livrer à l'action apostolique, suivant les besoins de leurs frères, pour leur faire du bien et les gagner tous à Jésus-Christ.

Ce double esprit qui est un des caractères distinctifs de l'Ordre de Notre-Dame du Mont-Carmel animait le religieux dont nous racontons l'histoire.

Il se trouvait au couvent de Carcassonne, lorsque le Général des Carmes déchaussés, le T. R. P. Noël de Sainte-Anne, fit la visite des couvents de son ordre en France. Le futur missionnaire lui ouvrit son cœur. Il lui dit quels étaient les élans qui le poussaient vers les pays infidèles. En un mot il s'offrit pour aller en mission.

Cette ouverture eut un heureux effet. Quelques mois après, le T. R. P. Général lui écrivait d'aller au Mont-Carmel, et d'attendre là des ordres ultérieurs.

Parti de Marseille avec deux autres Pères Carmes, le Père Marie-Joseph de Jésus se rendit d'abord à Malte, pour y rejoindre, croyons-nous, un troisième Père qui devait se rendre aussi au Mont-Carmel.

Nos voyageurs restèrent quelques jours dans cette île délicieuse qui est la perle de la Méditerranée. Bonne occasion pour les missionnaires de réchauffer leur zèle apostolique dans un endroit qu'avait habité saint Paul, l'apôtre des nations.

De Malte on fila sur Alexandrie et sur Jaffa afin de visiter les Lieux Saints, de passage, en se rendant au Mont-Carmel.

A cette époque le Patriarche de Jérusalem était Mgr Valerga, dont le frère, le Père Léonard, était carme déchaussé. Nos voyageurs furent donc bien accueillis au patriarchat. Ils s'y trouvèrent en famille.

Quel bonheur pour un jeune religieux qui se dévoue aux missions, de pouvoir, en se rendant au champ de ses labeurs apostoliques, saluer les lieux consacrés par l'apostolat et la mort de Notre-Seigneur ! Quelle faveur que celle de célébrer les Saints Mystères dans la grotte de la Nativité, sur l'autel du Calvaire et au Saint-Sépulcre ! L'âme ardente de notre jeune apôtre éprouva dans ces lieux, les plus saints de la terre, des commotions, des impressions si vives que ni l'âge, ni le temps, ni la distance n'en purent effacer le souvenir. Souvent il revenait sur ce sujet si attrayant, et l'on sentait, en l'entendant parler, qu'il avait fait ce pèlerinage, non en touriste, mais en véritable croisé, si je puis m'exprimer de la sorte.

Une chose cependant le contrista, au milieu des joies que lui causa cette visite aux Lieux Saints, ce fut le spectacle des intrigues, des rivalités, des brutalités même dont la possession de ces Reliques du passé sont la cause entre Catholiques et Grecs ou Arméniens. Les Pères Franciscains, gardiens fidèles de la plupart de ces sanctuaires vénérés, sont souvent l'objet de violences sans nom de la part de leurs adversaires. Quelle peine! quelle honte! Notre-Seigneur sera donc toujours un sujet de contradiction pour les âmes égarées; tandis que pour les âmes fidèles il est la voie, l'union, la lumière et la vie!

On conserve aux archives de la mission des Carmes Déchaussés à Bagdad un petit manuscrit du P. Marie-Joseph de Jésus qui contient le journal de son pèlerinage en Terre Sainte. J'en détache le passage suivant dans lequel il raconte ses impressions à la grotte de la Nativité, pendant la nuit de Noël.

« Qui pourrait dire ce qui se passe au fond du cœur quand on se dit : Pourtant, c'est ici même que Jésus est né : c'est ici même qu'il a pleuré et qu'il a commencé à souffrir : c'est ici que Marie l'a contemplé pour la première fois! La crèche était placée dans une autre crèche en forme d'auge creusée dans le roc. La première crèche de l'enfant Jésus est aujourd'hui à Rome, dans la Basilique de Sainte-Marie Majeure. Un grand nombre de lampes brûlent dans ce lieu. La grotte est tendue de draperies rouges. On y lit une courte inscription qui dit : « Hic de Virgine Maria Jesus Christus natus est. » Je me sentais accablé de fatigues à la suite de tous les voyages précédents : mais peu importe, je ne pouvais me lasser de contempler et d'admirer. C'était la veille de Noël ; tout parlait à mon cœur. Je n'eus pas le bonheur de dire la messe à minuit, mais à cette heure même, prosterné dans la grotte, aux pieds d'un de mes confrères, je recevais l'absolution de mes péchés, et le sang de Jésus naissant coulait sur mon âme ; je me sentais comme inondé de grâce et de bonheur. Cependant, environ une heure après minuit je me sentais si fatigué que j'allais me reposer... Le lendemain, il me fallut attendre jusqu'à une heure de l'après-midi pour commencer les trois messes de Noël, de sorte qu'à deux heures et demie j'étais encore à l'autel. »

Après avoir visité Jérusalem, Bethléem, la vallée du Jourdain, la Samarie et la Galilée, nos voyageurs arrivèrent au Mont-Carmel. C'était le 12 janvier 1857.

CHAPITRE IV

LE MONT-CARMEL.

Carmel ! Nom entre tous poétique !

Il signifie en langue sémitique : *Vigne de Dieu.* Nom, entre tous, cher aux fidèles serviteurs de Marie ! En effet, neuf siècles avant la venue du Messie, le prophète Élie, ravi en extase sur la Sainte Montagne, avait vu s'élever de la mer une petite nuée, semblable à l'empreinte d'un pied humain : peu à peu cette nuée avait grandi, et s'étendant sur le firmament avait fini par couvrir tout le ciel. Enfin, une pluie abondante et vivement désirée de tous les habitants de la contrée, était tombée pour féconder la terre.

La vision prophétique d'Élie signifiait la Vierge Immaculée qui devait enfanter celui qui serait la consolation d'Israël. Depuis ce moment les disciples d'Élie qui habitaient avec lui sur la montagne du Carmel vouèrent un culte particulier à la Vierge prédestinée.

« Ta tête, ô Marie, est haute et brillante comme la cime du Carmel! » chante l'Église. Et c'est à juste titre que les Carmes portent les livrées de Marie, et considèrent Élie comme leur fondateur, et le Mont-Carmel comme le berceau de leur ordre.

L'autorité des Papes a confirmé cette pieuse tradition. La statue du prophète Élie figure à Saint-Pierre de Rome dans la série de celles des fondateurs d'ordres, avec cette inscription : « A son fondateur l'Ordre des Carmes. »

C'est sur le Mont-Carmel qu'était l'école des prophètes, dans laquelle saint Élisée, successeur d'Élie, élevait ses disciples dans la pratique des vertus qui honorent les serviteurs de Marie.

C'est sur cette même montagne qu'ont vécu plusieurs saints célèbres de cet ordre antique, tels que saint Brocard, saint Berthold, saint Simon Stock, à qui la Sainte Vierge a donné le scapulaire. Jusqu'à ce jour, les Carmes Déchaussés habitent le monastère bâti sur le promontoire du Carmel. C'est le prieuré du général de l'ordre.

La comtesse Ida de Hahn-Hahn qui, vers 1840, était un des écrivains le plus en vogue de l'Allemagne, ayant visité le monastère du Mont-Carmel, écrivit après cette visite : « Une atmosphère d'une merveilleuse sainteté environne cet asile. Il y règne une paix toute céleste, à laquelle je n'ai rien trouvé de comparable en aucun pays du monde. La côte de Sorrente, les plaines de Grenade et de Palerme sont matériellement plus belles, plus riches, plus fécondes, mais elles n'ont pas le calme inaltérable de ce couvent, qui, dominant le sommet de la montagne, semble s'élever au milieu des flots, planer entre le ciel et l'océan, et ne tenir en rien à la terre. Ici est Dieu, et il n'y pas d'idoles à côté de Lui! Nul point de mon voyage, aucun lieu de l'Orient, ni l'Olympe, ni le Liban, ni les bords enchanteurs du Bosphore, ni les rives merveilleuses et légendaires de la Propontide ne m'ont fait une aussi vive impression. Ravie et réconfortée comme moi, doit se trouver la pauvre coquille qui s'est ouverte une fois pour recevoir la goutte de rosée! Je me souviendrai du Carmel ma vie entière! »

Que dirai-je de la vie de notre futur missionnaire sur cette montagne bénie? Tout enflammé du double esprit d'Élie et d'Élisée, il se prépara pendant quelques mois aux travaux qui l'attendaient dans sa mission, bien qu'il ignorât vers quel pays l'obéissance lui dirait de diriger ses pas.

Le Père Marie-Joseph aimait à se retirer parfois dans les grottes naturelles qui se trouvent aux flancs de la montagne, et là, il passait de longues heures à lire, à prier, à méditer et à chanter des cantiques à Marie. » Un jour, raconte-t-il lui-même, j'avais à peine commencé à haute voix les litanies de la Très Sainte Vierge, lorsque je vis un joli petit oiseau venir se percher sur la branche d'un arbuste qui était près de l'ouverture de la grotte dans laquelle je me trouvais. Faisant écho à ma voix, il gazouillait agréablement après chaque invocation : il semblait dire : « Ora pro nobis. » Je continuai ravi, et lui, sans se lasser, me répondait toujours. Lorsque j'arrivai à la fin des litanies il s'envola à tire d'aile. »

Est-ce assez pieux, assez gracieux!...

Au bout de dix mois, arriva la nouvelle désirée. Le Révérend Père Xavier de Sainte-Marie et le Père Marie-Joseph de Jésus étaient destinés à la mission de Bagdad, dans la Basse-Mésopotamie. Sans perdre un instant, ils partirent pour leur destination. Sur la route, ils saluèrent leurs frères missionnaires de Tripoli, du Mont-Liban et d'Alexandrette, chez lesquels ils firent de courtes haltes.

La mission des Carmes Déchaussés de Syrie date de 1630. Elle eut d'abord une maison à Alep, et c'est le consul de France de cette ville qui obtint aux Pères, en 1631, l'autorisation de retourner au Mont-Carmel, dont les anciens carmes avaient été chassés par les musulmans vers la fin du XIIIe siècle. Un gentilhomme provençal, diplomate d'abord à Constantinople, puis solitaire dans le Haut-Liban, céda ensuite aux Carmes l'hermitage de Bicherri, non loin des fameux cèdres de Salomon. A Tripoli, les missionnaires ont un hospice et une chapelle; ils sont aussi dans le Bas-Liban à Koubayat; et à Alexandrette, ils ont une mission bien organisée, avec une annexe à Beylan. Ce fut donc par étapes que les missionnaires arrivèrent à Alep. Là ils s'engagèrent dans l'immensité du désert, passèrent par Mossoul, où les Pères Dominicains leur firent le meilleur accueil. Le pauvre Père Xavier de Sainte-Marie, déjà âgé, avait souffert du froid dans le désert; on était en hiver. Il arriva mourant à Mossoul, mais son compagnon était plein de vie. Après quelques jours de repos et de soins, les voyageurs se remirent en route, et à mesure qu'ils approchaient du but de leur voyage, leur ardeur redoublait. Enfin, ils arrivèrent à Bagdad, le 6 janvier 1858.

CHAPITRE V

LA MÉSOPOTAMIE.

Le pays qu'allaient habiter dorénavant nos deux missionnaires était cette Mésopotamie qui fut le berceau de l'humanité et la patrie des plus anciens patriarches. Mésopotamie signifie : *pays entre deux fleuves*. Ces deux fleuves sont le Tigre et l'Euphrate qui d'après le récit de Moïse arrosaient le Paradis terrestre.

Sur les bords de l'Euphrate on voit encore les ruines de Babylone, la première ville dont parle la Genèse, et sur les bords du Tigre était Ninive la rivale de Babylone.

On a beaucoup dit et écrit sur ces deux villes qui ont eu un si grand renom dans les annales de l'antiquité. Nous ne voulons pas répéter ce qui se trouve dans tant de livres. Disons seulement que les empires Assyriens eurent pour capitales, à différentes époques, ces deux villes rivales. La critique moderne met en doute une foule de traditions anciennes sur l'histoire de l'Assyrie. Laissons les controverses aux savants, nous ne sommes pas de ce nombre, et contentons-nous de dire, et notre assertion est basée sur l'Écriture Sainte, qu'un des rois de Babylone fut le fameux Nabuchodonosor dont nous parle la Bible et qui eut pour général Holopherne. Sous son règne Ninive fut détruite par Cyaxare Ier, roi des Mèdes (625 av. J.-C.).

Babylone hérita alors de la puissance de sa rivale. Nabopolassar y régna, et son fils Nabuchodonosor II, vainqueur de Jérusalem, y amena les Juifs en captivité. C'est lui qui fit élever la fameuse statue qu'on devait adorer, et qui en punition de son orgueil fut châtié par la perte de la raison. La grandeur de Babylone devint, par un juste retour des choses, la cause de sa ruine. En effet, sa corruption fut telle qu'elle était le scandale des nations. Les prophètes du vrai Dieu élevèrent alors la voix pour prédire sa destruction, et enfin Cyrus, instrument de la Providence, la conquit et l'incorpora à son empire.

Ensuite la Babylonie fut tour à tour sujette aux Mèdes et aux Perses. Elle vit camper sur son sol les armées de Cambyse, de Darius et de Xerxès. Puis les Grecs la parcoururent à leur tour, soit lors de la fameuse retraite des

Dix mille, sous la conduite de Xénophon, soit lorsque Alexandre le Grand y promenait ses soldats victorieux. Il y mourut lui-même, la léguant en partage à son général Séleucus.

Tous les grands peuples de l'antiquité devaient jouer un rôle en Mésopotamie. Les Romains y parurent, sous Julien l'Apostat. Les Parthes et les Sassanides firent de Stésiphon leur capitale, et plus tard les hordes des Arabes sectateurs de Mahomet l'envahirent, et y fondèrent le Califat de Bagdad. Elle est actuellement sous la domination du Sultan de Constantinople.

Voilà, à grands traits, l'histoire politique de ce pays célèbre.

Les vilayets turcs de Mossoul, Bagdad et Bassorah ont remplacé officiellement sur la carte les anciennes provinces.

Mossoul tout près de Ninive, Bagdad non loin de Babylone, et Bassorah au confluent des deux grands fleuves sont les centres principaux vers lesquels affluent, pour s'approvisionner ou débiter leurs marchandises, les habitants des montagnes du Kurdistan et des vastes déserts de l'Iraq-Arabie.

Depuis près d'un siècle, ce pays est redevenu célèbre. On en parle dans le monde savant, à cause des excavations et des importantes découvertes qui y ont été faites. Des archéologues de presque tous les pays civilisés y ont pratiqué des fouilles, déchiffré des inscriptions et trouvé des monuments qui révèlent à nos générations modernes des secrets de la plus haute antiquité.

Les noms des français, Botta, Fresnel, De Sarzec et Scheil; des anglais Rawlinson, Layard et Smith; des allemands Delitzsch, Lindl, Meisner et Coldway; et ceux d'Hilprecht et Peters, commissionnés par les États-Unis, sont connus de quiconque s'est tant soit peu occupé d'assyriologie, et les principaux musées d'Europe, surtout celui de Constantinople, le Louvre et le British Museum, offrent aux regards étonnés de nos contemporains des pièces authentiques provenant des fouilles de Babylone, Ninive, Tello, Sippar et autres lieux célèbres qui nous montrent l'état des sciences, des lettres et des arts depuis le temps d'Abraham... Telle est la Mésopotamie.

CHAPITRE VI

BAGDAD ET BASSORAH.

Aboul-Abbas-as-Saffah, premier calife de la dynastie des Abbassides, avait établi le siège du Califat dans la ville d'Anbar; plus tard il le transporta à Hachemieh dans les environs de Coufa. Son successeur, Abou-Djafar-al-Mansour, résolut de fonder une nouvelle capitale, et il choisit l'emplacement de Bagdad, sur le Tigre. La construction de Bagdad fut commencée en l'an 145 de l'Hégire, 763 ans ap. J.-C. Les travaux furent dirigés avec activité par Abou-Hanifa, fondateur d'un des quatre rites des musulmans Sunnites. Les débris d'anciennes villes situées sur les bords du Tigre : Ctésiphon, Séleucie, Samarra, servirent à la construction des remparts et des édifices de la nouvelle cité.

Le calife Haroun-el-Réchid, sa femme Zobéïde et les fameux Barmécides, tant célébrés dans les *Mille et une Nuits,* ont grandement contribué à la prospérité de Bagdad. Elle devint le cœur et le centre du monde musulman. On l'appelait Dar-es-Salâm (Séjour de paix) : car elle était surtout la résidence des hautes personnalités religieuses, savantes et politiques de l'Islam. Sa position sur le Tigre entre Mossoul et Bassorah, son voisinage de la Perse et de l'Inde, la rendirent florissante.

L'histoire militaire de Bagdad est remplie d'éphémérides notables.

Elle resta au pouvoir des Abbassides jusqu'à la fin de leur empire (1258 ap. J.-C.). Houlagou, général des Mongols, s'empara de Bagdad, il fit massacrer toute la population et éleva une pyramide formée de crânes des victimes. Elle fut possédée quelque temps ensuite par Avéis Ier et Avéis II, princes Ilkhaniens. Tamerlan, le célèbre conquérant Tatare, s'empara de Bagdad en 1400, et il la détruisit presque en entier. Après le passage de ce fléau de Dieu, elle devint, pendant près d'un siècle, l'objet des luttes entre les deux dynasties du Mouton blanc et du Mouton noir. En 1507, le Schah de Perse Ismaïl s'en empara. En 1534, le Sultan turc, Soliman Ier, la prit à son tour. Les Persans la reprirent sous le règne de Abbâs-le-Grand.

Les Ottomans en redevinrent maîtres en 1638, sous le règne d'Amurat IV, après un siège de trois mois. Depuis cette époque elle a été encore plusieurs fois le sujet de disputes entre les Turcs et les Persans; mais elle est restée à la Turquie.

Ces guerres incessantes ont détruit presque tous les monuments : le palais des califes, bâti par Mouktader-Billah, l'ancienne école Nizamié, dans laquelle professa quelque temps le célèbre Gazzali, et cent autres monuments célèbres. Il ne reste aujourd'hui que le minaret de Souq-el-Gazel, l'école fondée par Moustanser, transformée en douane, et le tombeau, rebâti à neuf, de Zobéïde, qui méritent de fixer l'attention du voyageur.

Parlons un peu de Bassorah. Cette ville fut fondée vers l'an 15 de l'Hégire, 636 de notre ère, par le calife Omar. Bassorah se trouve à vingt lieues en aval de la jonction du Tigre et de l'Euphrate, sur le Chatt-el-Arab. Cette ville prit un rapide accroissement, et changea souvent de maître.

En 334 de l'Hégire, Moïzz-ed-Daoulet, prince Bouïde, s'en empara sur les Abbassides. Elle passa ensuite successivement sous la domination des Seldjouqides, des Mongols, de la dynastie Ilkhanienne, sous celle du Mouton blanc et ensuite entre les mains de quelques cheikhs arabes. Ces derniers la remirent à Soliman Ier, après la conquête de Bagdad. Le Sultan se contenta d'en être le suzerain, et laissa l'administration aux donateurs. Peu après, en 1605, le Schah Abbâs-le-Grand s'empara de Bassorah. Les Turcs à leur tour s'en rendirent maîtres en 1668. Elle fut reprise par les Persans en 1777; mais les Turcs les en chassèrent bientôt. A un moment, en 1787, les Arabes de la tribu de Montéfik la prirent sur les Turcs; mais Soliman, Pacha de Bagdad, ne tarda pas à les en chasser. Depuis lors, Bassorah est restée au pouvoir du gouvernement de la Porte Ottomane.

Dans les premiers siècles de l'Islam, beaucoup de savants arabes s'étaient établis à Bassorah. Il s'y forma une école de grammairiens, qui lutta souvent contre l'école de Coufa, et parfois avec succès. Il y eut aussi quelques bons poètes à Bassorah.

Au point de vue commercial et stratégique, cette ville a de l'importance, car elle n'est pas loin de la mer, et elle commande l'entrée du Tigre et de l'Euphrate. Sa position fort belle, grâce aux vastes forêts de palmiers qui l'entourent, en ferait un séjour charmant, sans les fièvres contagieuses qui y règnent souvent, à cause des marais qui infectent l'air dans les environs.

Les anciens remparts sont aujourd'hui détruits; la voirie laisse beaucoup à désirer, et l'on n'y trouve aucun monument digne d'intérêt.

CHAPITRE VII

MISSION DES CARMES EN PERSE ET MÉSOPOTAMIE.

Un religieux Carme déchaussé du couvent de Naples, espagnol de naissance et d'une noble famille, le P. Jean de Saint-Élisée, fut le premier à avoir l'idée des missions orientales. Après bien des épreuves et des contradictions, il eut la bonne fortune de gagner à sa cause le supérieur général de son ordre, en Italie, lequel sollicita du pape Clément VIII l'approbation du projet d'envoyer des missionnaires Carmes en Orient. Sa Sainteté loua ce projet, et désigna la Perse comme théâtre des exploits des nouveaux missionnaires.

Le 16 juillet 1604, trois Pères Carmes quittèrent Rome pour se rendre à Ispahan, avec des lettres de recommandation du pape pour le schah Abbas Ier, et le titre d'ambassadeur du Saint-Siège auprès de Sa Majesté persane. L'ambassadeur d'Espagne leur avait aussi donné des lettres de recommandation.

En route, ces bons missionnaires reçurent également de Rodolphe II, empereur d'Autriche, et de Sigismond, roi de Pologne, des lettres officielles pour le même souverain.

Après un voyage long et pénible, qui dura plus de trois ans, les Pères Carmes arrivèrent à Ispahan, où ils furent reçus avec tous les honneurs dus à leur rang. Le Schah leur témoigna beaucoup d'amitié; il leur donna même en toute propriété une maison grande et commode, avec la permission d'y exercer en toute liberté le culte catholique.

La mission des Pères était fondée.

Au mois de mars 1608, le P. Paul-Simon, génois, de la famille des Rivarola, l'un des trois missionnaires, fut renvoyé en Europe par le Schah pour porter aux quatre monarques dont il avait reçu des lettres, des remerciements. Parvenu à Rome, le P. Paul-Simon plaida avec zèle la cause des missions. De nouveaux ouvriers apostoliques y furent envoyés et successivement Ormuz, Schiraz, Bender-Abbâs, Hamadan, Lingah, Giulfa, Bassorah et Bagdad reçurent des missionnaires.

C'est en 1623, que le Père Basile, Carme portugais, passa d'Ispahan à Bassorah, dans le but de convertir les Soubbas, connus généralement sous le nom de chrétiens de Saint Jean-Baptiste.

Le gouverneur de Bassorah accepta le missionnaire, et lui donna un logement. Dieu bénit cet apostolat. Plusieurs milliers de Soubbas furent convertis en quelques années, et, grâce à l'intervention du vice-roi de Goa, ils furent transportés dans les Indes, pour fuir le ressentiment de leurs ex-coreligionnaires. Dès cette époque, les Carmes se succédèrent à Bassorah. Le bien qu'ils y faisaient était tel, que le roi Louis XIV accorda aux supérieurs des Carmes de cette ville, de quelque nationalité qu'ils fussent, le titre de Consul de France à perpétuité. Onze carmes l'ont été. L'acte authentique de ce décret est daté de Péra le 27 février 1677, et signé par l'ambassadeur de Sa Majesté très chrétienne près la Porte Ottomane, le marquis Olier de Nointel.

De Bassorah, les carmes s'avancèrent jusqu'à Bagdad. Ce fut l'an 1721, que la mission de cette ville fut fondée. En 1741, le Père Emmanuel de Saint-Albert, dans le monde, M. Baillet, carme déchaussé, missionnaire à Bagdad, devint consul de France à Bagdad, et en 1742 évêque latin de Babylone.

Avant Mgr Emmanuel Baillet, il y avait eu plusieurs évêques de Babylone, mais qui n'avaient pu résider à Bagdad, à cause de l'intolérance des musulmans. Le premier fut Mgr Timotéa Pérez, carme espagnol (1622). En 1638, une dame française, Mme Marie Ricourt, veuve de Gué-Bagnols, dota à perpétuité l'évêché de Babylone, à condition que les évêques seraient toujours français. Le premier évêque après cette institution fut Mgr Jean Duval, en religion, Père Bernard de Sainte-Thérèse, carme déchaussé. Parmi les successeurs de Mgr Jean Duval, il faut signaler Mgr François Piquet qui avait été consul de France à Alep, avant d'entrer dans les Ordres sacrés.

Au commencement de l'épiscopat de Mgr Emmanuel Baillet, quelques carmes de Bagdad allèrent en mission du côté de Mossoul pour convertir les Nestoriens fort nombreux dans ces parages. La prédication des Pères fut si efficace, que dans la seule ville de Mossoul, sur cinq cents familles Nestoriennes, il n'en resta que trente dans le schisme.

Les Dominicains qui arrivèrent à Mossoul en 1750 trouvèrent donc le terrain défriché en partie, par leurs frères du Carmel.

Grâce à son influence, et à son zèle infatigable, Mgr Emmanuel Baillet contribua à la conversion d'un bon nombre de familles Nestoriennes de Bagdad. En un seul jour, le 5 juillet 1745, cinquante familles abjurèrent l'erreur, entre les mains du Père Benoît, vicaire de la mission.

Cette éclatante conversion affermit la mission carmélitaine, sur des bases solides, et fit cesser les persécutions dont elle avait été jusque-là l'objet.

Mgr Emmanuel Baillet mourut de la peste, en 1773.

Malgré de nombreuses vicissitudes, souvent contraires, la mission de Bagdad s'est progressivement développée, et a rendu aux chrétiens de ce pays de grands services jusqu'à nos jours.

CHAPITRE VIII

DÉBUTS DES NOUVEAUX MISSIONNAIRES.

Lorsque le 6 janvier 1858 les Pères Xavier de Sainte-Marie et Marie-Joseph de Jésus arrivèrent à Bagdad, le premier comme supérieur, et le second comme simple missionnaire, la mission se trouvait dans un bien triste état. En 1855, le 6 août, le Père Denys de Saint-Martin fut empoisonné par un domestique infidèle qui avait voulu le voler. De l'arsenic jeté dans un plat de macaroni avait fait l'œuvre néfaste. Mais le crime fut constaté; on saisit le coupable, et on le mit en prison. Il trouva toutefois le moyen de s'évader, et pour s'assurer la bienveillance des autorités turques, il se fit musulman.

Cette mort subite avait laissé un vide lamentable. Un Père de la mission de Syrie fut envoyé provisoirement à Bagdad, pour tenir la place, jusqu'à l'arrivée des nouveaux missionnaires. Ceux-ci, à peine arrivés, se mirent avec ardeur à étudier la langue arabe; mais avec un inégal succès. Le Père Xavier, étant déjà âgé, ne parvint pas à l'apprendre comme son jeune compagnon qui réussit parfaitement. Le Père Xavier avait plus de bonne volonté que de disposition pour les langues; mais comme le zèle apostolique l'emportait, il se mit à prêcher tout de même, à l'aide d'un interprète qui répétait à l'auditoire en arabe ce que le bon Père disait en français. Quant au Père Marie-Joseph, il commença ses sermons en arabe, assez imparfaitement, avouons-le, quelques mois après son arrivée. Mais son feu était tel, sa conviction si profonde, son amour pour la Sainte Vierge si véhément, qu'il touchait son auditoire, et, malgré quelques fautes de diction, parfois il le faisait pleurer.

Le Père Xavier et lui rivalisaient de ferveur dans l'observance. Malgré les fortes chaleurs ils portaient toujours la bure; ils ne mangeaient jamais de viande, et assez souvent leur repas consistait en un morceau de pain saupoudré de sel, et un oignon, ou quelques fruits.

On raconte que, peu de temps après leur arrivée, ils allèrent visiter le gouverneur général de la province ou Vali; et qu'ils y allèrent en sabots au lieu de sandales parce qu'il avait plu la veille. Pour entrer dans la salle de réception ils laissèrent les sabots à la porte, et tous deux, les pieds nus et quelque peu souillés par la boue, s'avancèrent vers Son Excellence qui les reçut très courtoisement.

Pendant que le Père Supérieur s'occupait principalement de la paroisse, son jeune compagnon se dévouait à l'éducation de la jeunesse.

C'est de cette époque que date, à proprement parler, le développement de l'étude de la langue française à Bagdad. Jusqu'alors les missionnaires Carmes avaient été de nationalités différentes, et la Mission était une espèce de Babel pour les langues. Depuis la grande révolution française, la seule langue européenne enseignée dans l'école de la mission avait été l'italien. Mgr Couperie lui-même, quoique évêque français, et consul de France, prêchait, dit-on, en italien et il faisait interpréter ses sermons par un *Tergeman* arabe.

Le Père Xavier de Sainte-Marie, appelé par ses supérieurs à d'autres fonctions, quitta Bagdad en 1862. Il avait, pendant qu'il dirigeait la mission, fait quelques constructions pour améliorer l'état du couvent, de l'église et de l'école.

En même temps que le Père Xavier était à Bagdad, le consul de France dans cette ville était M. Eugène Tastu, fils de la célèbre Mme Amable Tastu, si connue dans le monde des lettres.

Donnons en passant un souvenir à cette mère admirable d'un fils en tout point digne d'elle. On sait que pour faire l'éducation de ce fils chéri, Mme Amable Tastu composa la plupart des ouvrages de pédagogie maternelle qui eurent une grande réputation à leur époque. L'excès de travail lui fit perdre la vue, et son fils, devenu par ses soins un diplomate distingué, ne voulut jamais se marier, pour ne pas partager les affections de son cœur qu'il avait entièrement consacrées à sa noble et pieuse mère. On le voyait tous les dimanches à la messe de la mission. Le fils y conduisait sa mère, en lui donnant le bras; et aux grandes fêtes, les fidèles les regardaient avec admiration s'approcher ensemble de la Table Sainte. Le Père Xavier était leur ami intime et leur confesseur.

Le Père Marie-Joseph de Jésus étant resté seul à Bagdad, s'appliqua de toutes ses forces à rendre fructueux son ministère. Il prêchait tous les dimanches, confessait, faisait la classe, allait voir les malades à domicile. On comprend avec quelle générosité il se dépensait pour ses ouailles, quand on songe que les ressources de sa riche nature méridionale étaient décuplées par un zèle tout apostolique et une charité pleine d'abnégation.

CHAPITRE IX

LA CHRÉTIENTÉ DE BAGDAD.

Pour se faire une idée du milieu dans lequel opérait le jeune et fervent missionnaire dont nous traçons à grands traits la biographie, rien de mieux que de lire ce qu'il écrivait lui-même à cette époque sur les fidèles de Bagdad : « La mission de Bagdad possède une chrétienté qui s'est, peu à peu, développée depuis le XVIIe siècle. Aujourd'hui, elle compte 2000 fidèles environ, perdus au milieu de nombreux Juifs et Mahométans. Si le nombre est restreint, la ferveur est grande.

« Ces chrétiens ont une simplicité d'enfants : leur vie est pure, leurs mœurs pleines d'aménité. Une large part est donnée à la religion dans chacune de leurs journées. Tous les matins, avant de partir au travail, la plupart d'entre eux entendent la messe ; ordinairement ils y communient. Le soir avant de prendre leur repas, ils viennent adorer le Saint-Sacrement. Après la prière qui se dit en commun, on récite le chapelet, on chante les litanies de la Sainte Vierge : et au moment du départ, le missionnaire élève dans ses mains une petite avec la Marie, et bénit la pieuse assistance statue de sainte Image.

« Heureux chrétiens! Ils ressemblent à nos pères de la primitive Église. Et ce n'est certes pas la beauté et la somptuosité de la maison de Dieu qui les attirent. Quel denûment! quelle misère! C'est une salle souterraine, espèce de grande cave; on tâche de l'orner aussi bien que la pauvreté de tous le peut permettre. Parfois aux jours de grandes fêtes, ce misérable sanctuaire est insuffisant. Les fidèles se rassemblent alors dans la cour; le missionnaire monte sur une petite terrasse et du haut de cette chaire improvisée, il fait entendre la parole sainte à ses auditeurs, heureux de réaliser en cette occasion le texte de l'Évangile : « En vérité, je « vous le dis, ce que vous avez entendu dans le « secret, prêchez-le sur les toits. »

« Là du moins, le prédicateur n'a rien à appréhender de son auditoire. Les instructions se font à l'apostolique. Le missionnaire s'agenouille quelques moments au pied de la croix; il s'y pénètre de quelques pensées saintes, et il prêche de l'abondance de son cœur. Jamais son but n'est manqué. Ce n'est pas pour se faire un nom qu'il parle. C'est pour opérer le bien dans les âmes, et toujours ce bien est réalisé. J'avais à peine étudié la langue arabe pendant un an, quand je me mis à prêcher un carême. J'étais obligé d'improviser, et je pouvais à peine balbutier quelques phrases de cette langue si difficile. Lorsque le mot me faisait défaut, je le demandais tout simplement à mes auditeurs les plus voisins. Ils s'empressaient de me le dire, et je continuais mon discours. Malgré ces interruptions fréquentes, ces bons fidèles prêtaient une oreille attentive à toutes mes paroles : et sans s'occuper des locutions fausses qui m'échappaient, ils suivaient ma pensée. Plusieurs fois même, je me vis obligé d'interrompre une instruction commencée ; les sanglots de l'auditoire couvraient entièrement ma voix. Pourquoi les sermons en France sont-ils si éloignés de ce genre apostolique? Pourquoi tous les prédicateurs ne visent-ils pas avant tout à la simplicité? On oublie que c'est la grâce surtout qui touche et convertit les âmes. » Ces lignes ont été écrites en 1864, dans « L'Écho de N.-D. des Victoires ».

Voilà ce qu'était la société de Bagdad il y a une quarantaine d'années... Qu'est-elle maintenant? Je suis confus d'avouer qu'elle est bien déchue. Si elle a augmenté en nombre, on compte aujourd'hui six mille catholiques, elle n'est pas devenue meilleure.

Sous prétexte de se mettre à la franca — c'est l'excuse à tous les abus — les chrétiens se sont relâchés en leur ferveur primitive. L'intérêt, l'amour de l'argent et du plaisir, le jeu, la boisson, et conséquemment l'oubli des principes religieux et l'inobservance des pratiques pieuses ont transformé à son désavantage la chrétienté de cette ville.

Les femmes chrétiennes, il y a une vingtaine d'années encore, se couvraient le visage dans la rue; aujourd'hui elles sortent presque toutes avec le visage découvert. Est-ce un bien? Dans ce pays, dans ce milieu, on ne peut pas l'affirmer.

Quant aux hommes, ils ont presque entièrement mis de côté le costume oriental si ample, si riche, si majestueux, pour s'habiller à l'européenne, et c'est dommage.

Que n'ont-ils le tact et le bon goût de garder ce qu'ils ont de supérieur aux étrangers, et de n'emprunter à ceux-ci que ce qui est réellement meilleur.

Pour ceux qui ont assisté à cette transformation successive, il est pénible de revenir sur le passé !

Mais à quoi bon des regrets inutiles ? Le monde marche. Le courant entraîne. Les évolutions se produisent fatales, irrésistibles. Telle est la vie.

Heureux les vieillards, qui disparaissent de la scène du monde lorsque le présent est en trop flagrante contradiction avec leur passé. Ils cessent de souffrir.

Le bon P. Marie-Joseph de Jésus, qui dans les dernières années de sa vie se lamentait des changements trop brusques qu'il notait dans les usages et coutumes de ses fidèles, serait encore plus étonné maintenant. Le Seigneur lui a épargné cette peine.

CHAPITRE X

BASSORAH ET AMARAH.

En 1863, après le départ du P. Xavier, le P. Marie-Joseph de Jésus fit un voyage à Bassorah, pour voir l'état dans lequel se trouvait cette ancienne mission de l'Ordre, qui depuis quelques années n'avait pas été visitée par les Carmes, bien qu'ils y entretinssent toujours des prêtres orientaux, pour desservir l'église et pourvoir aux besoins spirituels des fidèles.

Cette mission avait été jadis très prospère et elle a fourni plusieurs saints missionnaires, comme le rapportent les *Annales de la Mission*, conservées aux archives du couvent de Bagdad.

Qu'il nous suffise de dire, en abrégé, que pendant plus de deux siècles les Carmes de Bassorah ont offert l'hospitalité à beaucoup de missionnaires de différents Ordres qui, en se rendant dans les missions de l'Asie, passaient par cette ville. Ils ont aussi reçu chez eux des savants, des diplomates et des voyageurs de distinction de toutes nationalités, sans compter une foule de marchands et de marins qui fréquentaient ce port. Ces Pères ont procuré à la Bibliothèque nationale de Paris de précieux manuscrits sabéens, « c'est-à-dire mandaïtes ». Ils ont converti bon nombre d'infidèles et d'hérétiques dont les actes de baptême, ou les abjurations, figurent dans leurs registres paroissiaux. Ils ont répandu l'instruction autour d'eux, et rendu de grands services par l'usage de la médecine, que quelques-uns des leurs ont pratiquée avec succès.

Leur église qui a été plusieurs fois détruite et rebâtie, à la suite des guerres entre les Arabes, les Turcs et les Persans, a servi de sépulture à une quarantaine de Pères missionnaires Carmes, venus de différentes nations pour y servir les intérêts de la foi. Ils y sont tombés, victimes de leur apostolat héroïque dans un climat malsain.

Mais la grande révolution française ayant presque tari la source des vocations religieuses et apostoliques, le nombre des missionnaires diminua sensiblement, au point, qu'après la mort des anciens, vers 1840, il n'y avait presque plus de Pères dans la mission. L'église de Bassorah fut alors confiée à des prêtres orientaux que payait le supérieur des Carmes de Bagdad.

Le P. Marie-Joseph résolut pendant sa visite de relever cette mission, dès que les circonstances le lui permettraient.

En revenant de Bassorah, il s'arrêta à Amarah, petite ville, nouvellement bâtie sur la rive gauche du Tigre, entre Bagdad et Bassorah. Là habite une grande partie de la tribu des Soubbas, connus plus généralement sous le nom de chrétiens de Saint Jean-Baptiste. Le jeune et zélé missionnaire rêva (rêve généreux) de convertir ces pauvres infidèles à la vraie foi. Jadis, au commencement du XVIIe siècle, les fondateurs de la mission de Bassorah avaient tenté la même œuvre, et, grâce à Dieu, ils avaient en partie réussi.

Soutenu par le gouverneur de Sa Majesté Catholique, le P. Basile de Saint-François, carme portugais, avait pu faire transmigrer dans les Indes, en 1635, plusieurs milliers de Soubbas convertis, comme nous l'avons déjà dit.

Plus tard, le P. Ignace de Jésus, italien, avait aussi travaillé à leur conversion, et après lui les Pères Mathieu et Ange de Saint-Joseph, français, s'en étaient occupés, et ils avaient fait parfois de consolantes conquêtes.

C'était donc suivre les traditions de la mission, et se conformer à l'esprit apostolique de ses vaillants prédécesseurs, que d'aspirer à faire du bien à ces égarés. Plein de cette idée, et brûlant de charité, le P. Marie-Joseph entra en relations amicales avec les principaux Soubbas d'Amarah. Ceux-ci, voyant ses bonnes intentions et se croyant eux-mêmes, dans leur simplicité, quelque peu chrétiens, puisque saint Jean-Baptiste était cousin de Notre-Seigneur Jésus-Christ, le reçurent avec bienveillance.

Durant toute sa vie, le bon Père, dans l'espoir de reprendre un jour et de consommer peut-être son œuvre de conversion, conserva des relations amicales avec les Soubbas. C'est cette pensée qui le poussa, comme nous le verrons, un peu plus tard, à faire une fondation à Amarah.

CHAPITRE XI

VOYAGE EN EUROPE.

Au mois de janvier 1864, le P. Marie-Joseph résolut d'aller à Rome pour demander aux supérieurs majeurs un ou plusieurs missionnaires. De plus, il voulait faire une quête en France, pour réunir les fonds nécessaires, afin de bâtir une nouvelle église large et spacieuse dont le besoin se faisait vivement sentir. Il confia donc les clefs de son église au prêtre arménien catholique de Bagdad, et partit à dos de chameau, par la voie du désert, directement, de Bagdad à Damas.

Le Père avait demandé du renfort à ses supérieurs et n'avait reçu que des réponses vagues et indécises. Enfin une lettre du T. R. P. Général lui disait : « Si vous voulez des missionnaires, venez vous-même les chercher. » C'est alors que prenant ces mots à la lettre, il se mit en route. Son voyage fut très accidenté.

Il passa par Birs-Nemrod, et il fit sur les débris de cette célèbre tour une action digne de passer à la postérité. Quoi qu'il en soit des discussions des savants sur cette masse imposante de ruines qui se dresse non loin de Babylone, sur le sol uni du désert, et que les Arabes appellent Birs-Nemrod, c'est-à-dire la Tour de Nemrod, conformons-nous, pour être d'accord avec le héros de ce récit, à la tradition séculaire qui a toujours vu dans ces ruines les débris de la Tour de Babel. On ne dit pas que ce soit là la ruine immédiate de la fameuse tour, mais celle du temple de Borsippa bâti par Nabuchodonosor, sur l'emplacement et avec les matériaux de la tour primitive.

Notre pieux voyageur considérant ces vestiges de l'idolâtrie, eut l'idée de les consacrer à Marie en y plaçant au-dessus une de ses images. Il prit donc une médaille de son rosaire, et se hissant à travers les fissures du vieux mur, il parvint à la placer à une certaine hauteur. Puis, rempli d'un saint enthousiasme : « O Marie, dit-il, je vous ai constituée Reine du désert! Du haut de cette vieille tour veillez sur moi, pendant mon voyage, et ramenez-moi sain et sauf à Bagdad, avec un missionnaire au moins, pour continuer dans cette mission l'œuvre commencée par nos Frères les

Carmes, il y a près de cent cinquante ans. Si vous le faites ainsi, ô Marie, je reviendrai reprendre cette médaille, et mettre à sa place une statue plus digne de votre grandeur! » Il dit, redescend, reprend son vivant véhicule et s'enfonce dans l'immensité du désert, en suivant la direction de l'occident.

Raconter en détail les périls, les péripéties de ce voyage, serait intéressant. Pour ne pas interrompre le fil de ce récit, nous le ferons dans le chapitre suivant. Plusieurs fois, il fit la rencontre peu rassurante des bédouins, une fois même, il faillit être victime de leur avide cruauté, mais sa présence d'esprit, et surtout la protection de la Sainte Vierge qui du haut du monceau de briques de Babel veillait sur son pieux serviteur, le sauvèrent comme par miracle.

En partant de Bagdad, le courageux Père, vêtu à la mode des Arabes, s'était pourvu d'un sac de farine et d'une outre d'eau. C'était là tout son matériel de voyage. Chaque soir, on faisait une halte; le Père rassemblait à la hâte quelques broussailles et allumait le feu, tandis que le chamelier pétrissait dans ses mains un peu de farine avec l'eau de l'outre, puis on cuisait, tant bien que mal, cette pâte sur les cendres chaudes. Inutile de dire que le mieux soigné de la caravane, c'était le chameau, et que ce n'est qu'après lui avoir fait avaler quelques boules de farine, que le Père et son compagnon songeaient à prendre leur sobre réfection.

Après vingt-cinq jours de course continue, de fatigues et de privations incessantes, on parvint à Damas. Arrivé en pays civilisé, le Père put continuer son voyage dans un équipage un peu moins primitif. Ce n'est pas à dire que les privations et les contrariétés eussent cessé complètement, il en eut jusqu'à Rome, et à Rome surtout, mais passons...

Après avoir réglé ses affaires à la Propagande et à la maison Généralisse, il eut la permission d'aller en France, revoir sa famille et recueillir quelques aumônes. En passant par le couvent de Lyon, il fit la rencontre très heureuse d'un religieux qui, en l'entendant parler des missions, sentit naître en son âme le désir de se consacrer à la vie apostolique, et s'offrit à l'accompagner au retour.

La Vierge des ruines de Babel n'avait pas oublié la demande qui lui avait été faite, et Elle l'accordait avec d'autant plus de libéralité que le nouveau missionnaire était docteur-médecin, et que cette circonstance réalisait l'un des vœux les plus chers du P. Marie-Joseph qui désirait depuis longtemps avoir à Bagdad un religieux qui connût la médecine.

Grande fut la joie des deux missionnaires, en se communiquant leurs impressions, et plus grande encore leur reconnaissance envers Marie.

De Lyon, le missionnaire bagdadien alla à Paris. Là il eut occasion de prêcher à N.-D. des Victoires, et comme il était assez naturel, il raconta à son auditoire son passage à Babel et son voyage si hasardeux à travers le désert, entrepris sous les auspices de la bonne Mère.

Ce récit intéressa et toucha les fidèles qui, non contents de lui donner d'abondantes aumônes, lui offrirent aussi une petite statue en métal de N.-D. des Victoires destinée à être placée au sommet de la tour de Babel, à son retour en Orient.

Quelque temps après être revenu à Bagdad, le P. Marie-Joseph voulut s'acquitter de sa mission. Il retourna à Birs-Nemrod, escorté de quelques chrétiens de Bagdad, et après avoir célébré sur le monceau de ruines le Très Saint Sacrifice de la messe, il monta sur le vieux mur, et plaça au sommet la petite statuette. Son vœu était accompli.

Quelques années après, un marchand d'antiquités de Bagdad vint annoncer au Père qu'il avait en vente une très ancienne statue de la Vierge... Le Père se la fait apporter, et, jugez de sa surprise, sous une épaisse couche de poussière et de vert de gris, il lit l'inscription suivante : « Les confrères de N.-D.-des-Victoires m'ont placée sur la Tour de Babel par les mains du R. P. Marie-Joseph, Carme missionnaire de Bagdad. » La statuette avait été volée par les Arabes. Elle fut achetée, et elle couronne aujourd'hui le clocher de l'église latine de Bassorah.

CHAPITRE XII

LES ARABES DANS LE DÉSERT.

Le voyage dans le désert ne fut pas sans péril.

Un soir, vers le coucher du soleil, le guide dit au Père : « Nous sommes observés, j'aperçois dans le lointain deux cavaliers qui semblent venir dans notre direction, évitons leur rencontre. » Aussitôt le Père met pied à terre. On fait coucher le chameau, et les voyageurs s'étendent derrière lui.

L'obscurité étant venue, ils se crurent sauvés. Non loin de cet endroit se trouvait un campement d'Arabes.

L'hospitalité, on le sait, est sacrée, chez les tribus du désert. Encouragés par cette pensée, le Père et son guide s'avancèrent avec précaution, et grâce aux ténèbres de la nuit, ils arrivèrent jusqu'aux premières tentes du campement sans avoir été aperçus. Alors, élevant la voix, ils crièrent pour demander l'hospitalité. A ce moment les chiens commencèrent à aboyer, et plusieurs Arabes sortirent des tentes pour voir ce qui se passait au dehors. « Nous sommes des hôtes que Dieu vous envoie, s'écria le Père, nous demandons l'hospitalité pour la nuit. » Immédiatement on le conduisit à la tente du cheikh qui le reçut avec cordialité, et ordonna d'immoler un agneau, et de préparer un festin pour les voyageurs. Peu à peu la nouvelle s'était propagée dans le campement. Plusieurs curieux accoururent pour voir les nouveaux arrivés. Le Père pria alors la cheikh de faire accompagner son guide pour ramener le chameau qui était resté attaché non loin de là... « Nous comprenons, s'écrièrent alors deux Arabes bâtis en hercule, vous êtes les deux voyageurs que nous aperçûmes tout à l'heure, au coucher du soleil, et qui, nous ne savons comment, disparûtes subitement à nos regards. Remerciez Dieu que la nuit soit venue si tôt, et nous ait fait perdre votre trace; car sans cela vous étiez des hommes perdus. Nous vous aurions dépouillés complètement, et peut-être tués, si vous aviez résisté... C'était notre droit... Mais, puisque vous êtes maintenant les hôtes de notre tribu, et couverts de la protection du cheikh, vos personnes sont inviolables, et nous vous considérons comme des frères. »

Pendant qu'ils parlaient, le Père bénissait Dieu dans son cœur, et lui rendait grâce pour sa divine protection.

On festoya joyeusement. Le lendemain le cheikh ne consentit pas à son départ : il voulait le garder et l'héberger plusieurs jours chez lui.

Après trois jours de repos, les voyageurs se remirent en marche, et, chose admirable et curieuse, les deux Arabes qui avaient failli être leurs assassins se firent volontairement leurs guides, pendant presque une journée de voyage.

Un autre jour, vers 11 heures du matin, le Père vit tout à coup plusieurs cavaliers qui accouraient au galop vers lui, et quelques instants après, il était cerné par 19 nomades, armés de lances. Celui qui paraissait le chef de la troupe enjoignit à notre missionnaire de descendre de sa monture et de se rendre à sa discrétion.

C'était le 2 février, fête de la Purification de la Vierge. Un élan de cœur vers cette céleste protectrice donna immédiatement au Père une assurance surhumaine. « Allons, dit-il, jusqu'à cette colline que j'aperçois là-bas et je ferai ce que vous voudrez. »

Durant les quelques minutes que dura le trajet, le Père récita l'angélus avec ferveur.

Il était presque midi. Puis, sans savoir au juste ce qu'il allait faire, il invita ses compagnons à descendre tous de cheval, et à l'écouter un peu avant de le dépouiller.

Ces hommes d'une nature à la fois farouche et candide, se rendirent à son désir. Ils figèrent leurs lances dans le sol et y attachèrent leurs chevaux. Tous s'assirent en rond autour du Père qui ne cessait de se recommander à la Sainte Vierge.

Alors il commença à vanter le courage, la bravoure et la générosité qui font le renom des guerriers arabes. Il dit qu'il avait toujours admiré en eux une rare noblesse de sentiments et qu'il était désolé aujourd'hui de voir tant d'hommes armés attaquer un pauvre voyageur sans défense.

« Si j'étais armé, dit-il, et si j'avais une nombreuse escorte, nous pourrions nous battre, et Dieu déciderait du sort de la bataille. Mais je suis seul, étranger sur votre territoire, et vous voulez me dépouiller? » En disant ces mots, il promena un regard attendri sur ses auditeurs, et il disait plus tard qu'il sentit qu'il commençait à les fasciner. « Je suis français, du pays de Napoléon : Avez-vous entendu parler de Napoléon? — Oui, dirent les Arabes. — Eh bien, il ne sera pas dit que vous commettrez la lâcheté de dépouiller un compatriote de Napoléon qui s'en remet à votre clémence. »

Peu à peu les Arabes baissaient les yeux, incapables de soutenir le regard enflammé du Père que le danger rendait éloquent et hardi. « Mais d'ailleurs je suis votre ami, et j'ai pensé à vous, continua notre héros. Je vous ai apporté un cadeau. »

Se levant à ces mots, il prit sous la selle de son chameau une sacoche de gros sous dont il avait eu soin de se munir en cas de besoin.

« Tenez, dit-il, je veux vous donner une marque de mon amitié. » Et, ouvrant la sacoche, il donna à chacun des Arabes une poignée de sous; le chef, naturellement, reçut double portion. « Vous voyez que je vous donne tout ce que je peux vous donner; mais de grâce ne me prenez pas ma montre et mes habits. Vous me feriez mourir inutilement de fatigue, de faim et de froid dans la solitude du désert. »

Ce discours, cette action avaient subjugué les bédouins. Le chef s'écria alors : « Je le jure par Dieu et par le Prophète, cet homme est mon ami! Je le prends sous ma protection! Malheur à qui lui fera du mal. »

Touché jusqu'aux larmes, le Père se jeta à son cou, et ils s'embrassèrent comme des frères.

« A cheval! » commanda le chef; et tous, escortant le Père qui était remonté sur son chameau, l'accompagnèrent une partie du chemin jusqu'au soir.

Le Père Marie-Joseph, en racontant cet épisode si dramatique de son voyage, ajoutait en riant : « Je ressemblais, entouré de ces dix-neuf lances, à un général au milieu de son état-major. »

CHAPITRE XIII

RETOUR A BAGDAD.

Les Sélebs. Charité d'une pauvre fille.

Une autre personne très intéressante fut celle de la tribu des Sélebs.

A quelques journées de Bagdad, habite une peuplade qui n'est ni chrétienne ni musulmane ni juive, mais qui est respectée par tous. On l'appelle la tribu des Sélebs. Bien que presque sauvages, les Sélebs ne sont pas féroces; au contraire, aperçoivent-ils un voyageur, ils s'empressent d'aller à sa rencontre, l'invitent à se reposer sous leurs tentes, et s'offrent même à l'accompagner jusqu'au terme de son voyage. Leur principale occupation est de chasser la gazelle; ils se nourrissent de la chair de cet animal, et ils emploient sa peau pour se vêtir. Ils adorent le Dieu qui a créé la gazelle. Leurs mœurs sont très pures. « Je suis porté à croire, disait le Père, que cette tribu est un reste de chrétienté, que le sabre des Arabes aurait jadis chassée dans le désert. Le nom même qu'elle porte semble l'indiquer; car le mot Séleb se rapproche évidemment du mot Salib qui signifie croix. »

Notre voyageur s'arrêta deux jours dans cette tribu, et il en repartit enchanté de l'accueil qui lui avait été fait.

Laissons maintenant le désert, et racontons un autre épisode de ce voyage, survenu à Paris même.

A la fin d'une prédication à la chapelle des Carmes de Passy, le missionnaire fit une quête pour son œuvre. Le lendemain matin, on l'appela au parloir, et il y trouva une jeune fille modestement habillée qui lui dit : « Mon Père, hier au soir, après votre sermon, je n'ai rien pu donner à la quête, n'ayant pas d'argent sur moi. Je viens aujourd'hui vous apporter mon humble offrande, que je vous prie d'accepter pour vos œuvres. Je ne suis qu'une pauvre couturière, excusez donc l'exiguïté de mon aumône. » En disant ces mots elle lui tendit un porte-monnaie usé contenant une pièce de deux francs et un canif ayant déjà servi. Le Père, touché de cette charité si discrète, voulut forcer l'humble fille à garder ce don qui lui était à elle-même si nécessaire, mais il ne put la convaincre. Profondément ému, le Père reçut cette aumône, résolu à la garder comme une relique, en souvenir de la charité de cette bonne âme. Ce vieux porte-monnaie et son contenu sont restés bien des années dans l'armoire du Père, et à sa vue, il se sentait toujours pieusement ému.

« Ah, disait-il, en parlant à ses missionnaires, cet argent que nous recevons de la Propagande de la Foi, et d'autres bienfaiteurs des missions, est un argent sacré qu'il ne faut jamais dépenser que pour la plus grande gloire de Dieu. Cet argent est le fruit du travail de courageux artisans et d'humbles servantes, et des sacrifices de pauvres veuves et de modestes mais sublimes ouvrières qui se privent du nécessaire pour venir à notre secours. Ne le dépensons donc pas inutilement, en bagatelles. Le bon Dieu nous en demandera compte un jour. »

Revenu à Bagdad en 1865 avec sa recrue du couvent de Lyon, le Père Damien de Saint-Joseph (jadis dans le monde, Docteur Batailley), le Père Marie-Joseph se mit à l'œuvre avec zèle pour exécuter son projet de construction de l'église. Grâce aux abondantes aumônes recueillies en Europe et à une forte avance d'argent faite par un de ses principaux paroissiens, M. Hannoche Asfar, dont le nom est vénéré par tous les chrétiens de Bagdad, il put acheter quelques petites maisons voisines de la mission, et il traça enfin le plan de la grande et belle église que les missionnaires Carmes sont heureux et fiers de posséder aujourd'hui.

CHAPITRE XIV

CONSTRUCTION DE L'ÉGLISE DE BAGDAD.

Voici le Firman Impérial qui autorise la construction de l'église.

« A mon Vizir Namuq Pacha, commandant en chef le corps d'armée de l'Irak, gouverneur général de la province de Bagdad, au Cadi de Bagdad et aux membres du Medjles.....

« A la réception de ce rescrit impérial, sachez que l'ambassadeur de France a sollicité notre autorisation impériale pour la reconstruction de l'église actuellement en ruine, sise dans l'intérieur du couvent habité par les religieux Francs à Bagdad; laquelle aurait les proportions suivantes : longueur 34 mètres, largeur dans une partie 19 mètres, dans l'autre 10 mètres, en hauteur 13 mètres. Cette demande ayant été soumise à ma sanction impériale, et mon commandement ayant été donné par l'Iradé autorisant cette reconstruction, le présent Firman est émané de mon Divan Impérial en conformité de cette disposition souveraine.

« Ainsi donc, Cadi, Vali et autres personnages précités, la dite église se trouvant réellement dans l'intérieur du couvent habité par les religieux Francs, les autres communautés n'ayant sur cette église aucun droit de propriété, d'ingérance ou de participation, et enfin cela ne présentant nul inconvénient local et ne faisant de tort réel à personne, vous ne permettrez pas qu'il soit fait obstacle ou empêchement d'aucune part à la reconstruction de cette église, et nous ne permettrons pas que pour cet objet il soit pris une obole à personne.

« Si au contraire, cette reconstruction avait des inconvénients, vous auriez à le faire connaître à ma Sublime Porte, par mazbata et par dépêche officielle.

« Gardez-vous de contrevenir à la teneur de ce Firman. Sachez-le ainsi; ayant confiance en ce noble signe (c'est-à-dire au monogramme de S. M. le Sultan Abdoul-Aziz-Khan, qui a donné ce Firman).

« Donné à Constantinople la troisième décade de Dilhedja 1282, c'est-à-dire le 11 avril 1866. »

La pose de la première pierre eut lieu le dimanche de la Pentecôte, 20 mai 1866.

Après avoir célébré la sainte messe, le Père Marie-Joseph de Jésus, assisté du Père Damien, se rendit à l'endroit des fondements qui correspondait à l'abside du futur monument. Là se trouvait sur une table, préparée *ad hoc,* un parchemin sur lequel on écrivit le procès-verbal de la fondation de l'église, en mentionnant qu'elle a été construite sous le pontificat du Pape Pie IX, sous le règne du Sultan de Turquie Abdul-Aziz-Khan, et de l'Empereur des Français Napoléon III. Le dit acte fut signé par le Consul de France à Bagdad, M. Pellissier de Regnault, par M. Hannoche Asfar, procureur de l'église latine, et par les Pères missionnaires. Puis le parchemin ayant été roulé, et introduit dans un tube en terre cuite, avec quelques pièces de monnaies de l'époque, le tube fut bouché et scellé, après quoi on l'enterra dans les fondements.

Le Père Marie-Joseph adressa ensuite quelques paroles d'édification à l'assistance; puis on se sépara. Le soir eut lieu un grand dîner auquel furent invités le Consul et plusieurs membres de la colonie européenne. Voici le toast que porta le Consul dans cette occasion.

« Permettez-moi de vous proposer un toast que vous porterez tous avec joie, j'en ai la conviction. A Sa Sainteté Pie IX, le vénérable Pontife de la chrétienté. Que Dieu le conserve longtemps à l'amour des peuples catholiques, pour la prospérité et la gloire de notre sainte Religion!

« Nous venons de poser la première pierre de l'église latine de Bagdad. Chacun de nos temples, Messieurs, qui s'élève pour célébrer la grandeur et la puissance du vrai Dieu, et j'entends surtout ceux qu'on érige, comme celui-ci, hors du sol chrétien, est un étai de plus à l'immense édifice de la chrétienté. En posant cette première pierre c'est en quelque sorte une croix nouvelle que nous plantons ici.

« Plantons-la, chrétiens mes frères, en appelant de tous nos vœux l'approche du grand jour où le signe rédempteur resplendira partout. Alors la vie et le progrès que la Croix seule enfante envahiront le monde tout entier.

« J'évoquais tout à l'heure dans votre cœur le souvenir de Notre Saint-Père le Pape. Son nom doit rappeler nécessairement à des Français, la France, la fille aînée de l'église qui lui est si chère. Que les prières de Sa Sainteté ne cessent de monter au ciel pour notre patrie, pour l'Empereur, pour l'Impératrice, et pour le Prince Impérial!

« Avant de terminer, Messieurs, je crois être l'interprète de vos sentiments, comme de ceux de tous les fidèles de cette ville, en remerciant de leurs soins constants, de leur dévoûment sans bornes nos chers missionnaires, les RR. PP. Marie-Joseph et Damien. Au nom de tous donc, mes Pères, merci ! Et, puisque ma position m'autorise à le dire : honneur à vous, nos Pères, et courage dans l'accomplissement de votre sainte mission ! »

CHAPITRE XV

LE PÈRE MARIE-JOSEPH DEVIENT PRÉFET APOSTOLIQUE.

Vers cette époque la Sacrée Congrégation de la Propagande nomma Préfet apostolique de Bagdad le R. P. Marie-Ephrem, carme déchaussé de la province d'Aquitaine. Mais ce Père ayant éprouvé du retard dans son voyage, on envoya à sa place, à Bagdad, le R. P. Clément de Sainte-Thérèse, et le Père Marie-Ephrem resta dans les missions des Indes, où il devint plus tard évêque de Quilon.

Le R. P. Clément, ne pouvant supporter les chaleurs de Mésopotamie, quitta Bagdad en 1869, et c'est alors que le Père Marie-Joseph, dans un second voyage qu'il fit à Rome, reçut sa nomination de Préfet apostolique.

En revenant dans sa mission, il amena deux nouveaux missionnaires les PP. Exupère et Antonin.

Ce fut en 1871, le quatrième dimanche de l'avent, que l'on célébra la première messe dans la nouvelle église dont les travaux avaient duré cinq ans. C'était la cent cinquantième année de la fondation de la mission de Bagdad.

Donnons un souvenir spécial dans ce petit opuscule au plus fidèle et plus constant des collaborateurs du Père Marie-Joseph, je veux dire du Père Damien.

Pierre-Désiré Bataillev, naquit le 4 janvier 1828 à Saint-Symphorien (Gironde), d'une famille très chrétienne. Il fit ses études au collège de Bazas, et alla ensuite à Paris pour étudier la médecine. Reçu docteur en 1854, il exerça son art dans son pays natal; mais vers 1857, comprenant que Dieu l'appelait à un ministère plus élevé et plus étendu, il abandonna le monde et alla chercher au Carmel la satisfaction des nobles aspirations de son âme.

En 1864, pour répondre à l'invitation du Père Marie-Joseph, le Père Damien quitta sa patrie qu'il n'a jamais revue. Marchant sur les traces des apôtres, il a travaillé pendant plus de trente ans sur la terre aride de la Mésopotamie, où son double titre de médecin des corps et des âmes lui a permis de se dévouer avec la plus grande abnégation. Qu'il nous suffise de dire qu'en dehors de son ministère spirituel auquel il a consacré beaucoup de temps et de soins, il était sans cesse en course pour secourir les misères corporelles. Chrétiens, Juifs, Musulmans, tous avaient en lui une égale confiance et avaient recours à ses services dans toutes leurs infirmités.

Patri-el-Hakim (c'est-à-dire le Père Médecin), comme on l'appelait partout dans la ville, était le refuge assuré des pauvres et des nécessiteux. On allait à lui, sûr de recevoir non seulement une consultation gratuite, mais encore de bonnes paroles, et souvent aussi des secours pécuniaires pour soulager les misères cachées. Un si charitable médecin avait, on le comprend, une nombreuse clientèle. Aussi le voyait-on tous les jours courir dans les rues pour visiter ses chers malades; souvent aussi pendant la nuit, la charité l'obligeait d'interrompre son sommeil pour aller consoler les malheureux. Grâce à cette activité généreuse, il a eu le bonheur d'envoyer au ciel un grand nombre de petits enfants qu'il baptisait *in extremis*. Il a pu aussi, par ce moyen, procurer le salut éternel à une très grande quantité de moribonds, soit en les avertissant à temps pour leur faire recevoir les sacrements, soit en leur donnant le scapulaire de N.-D. du Mont-Carmel, soit en leur rendant d'autres services importants.

Malgré son humilité qui ne faisait jamais montre de son savoir, des juges compétents proclamaient la supériorité de ses connaissances médicales.

Le Dr Tholozan, médecin principal du Schah de Perse, qui entretenait avec lui une correspondance assez suivie, au sujet des épidémies de choléra et de peste, cite souvent avec respect dans ses ouvrages les opinions et les appréciations du Dr Bataillev. Le Dr Bawman, médecin de la résidence britannique, dit à ses clients, en quittant Bagdad : « On peut avoir toute confiance dans le P. Damien, c'est un excellent Docteur. »

Cependant le nouveau Préfet apostolique donnait de l'élan à ses œuvres.

A l'arrivée des PP. Exupère et Antonin, l'école de la mission se développa, grâce à l'ardeur, à l'intelligence et au zèle de ces deux jeunes religieux. Malheureusement ces deux missionnaires ne firent, pour ainsi dire, que passer à Bagdad; ils en repartirent en octobre 1873.

En l'année 1874 le R. P. Préfet acheta sur la rive opposée du Tigre, en aval de Bagdad, à 2 heures de marche, un beau jardin planté de dattiers et d'autres arbres. Il y fit construire une petite maison pour les religieux qui voudraient aller se reposer et y passer les vacances.

En 1876, la peste fit son apparition à Bagdad vers la fin du mois d'avril. Il y avait, paraît-il, 45 à 50 décès par jour. Deux mois après, le fléau disparut, mais pour reparaître l'année suivante.

A cette occasion le R. P. Préfet écrivait, dans un rapport à l'Œuvre des Écoles d'Orient, le passage suivant, digne d'être cité.

« Voulez-vous, Monsieur le Directeur, que pour l'honneur de la religion, et en particulier pour la gloire de la Vierge Marie notre bonne et puissante Protectrice, je vous donne quelques détails sur le terrible fléau qui vient de nous visiter? On peut dire que selon les vues de Dieu, les fléaux remplissent dans l'ordre moral un rôle semblable à celui des orages dans l'atmosphère : ils assainissent et vivifient les âmes. Malgré l'instabilité et les épreuves ordinaires de la vie, l'homme s'endort volontairement et oublie ses destinées éternelles, quand rien ne vient le frapper particulièrement. « Au milieu de cette activité si vive « et si turbulente qui agite le monde, dit Bos- « suet, combien y en a-t-il qui pensent à leur « éternité? » Eh bien, la peste a été pour nos chrétiens de Bagdad un excellent *Sursum corda*. Pendant toute la durée de l'épidémie, nous faisions chaque jour des prières spéciales dans notre église. On y récitait les psaumes de saint Bonaventure et d'autres prières à Marie, dans le but d'attirer sur nous la protection de cette Vierge puissante. La foi de nos fidèles a été récompensée. Il n'y a eu que deux cas de peste dans le quartier chrétien, tandis que toute la ville était en deuil. Je puis assurer en outre que pour plusieurs de nos fidèles cette épidémie a été l'occasion bénie de reprendre la pratique des sacrements. »

CHAPITRE XVI

CARACTÈRE DU PÈRE PRÉFET.

Le cachet particulier du caractère du Père Marie-Joseph était l'amour de Dieu et un zèle ardent pour le salut des âmes. Ces qualités précieuses étaient servies par une grande ardeur dans l'entreprise, et une persévérance énergique dans l'exécution. Quand il croyait que son devoir était de faire telle ou telle chose, rien ne pouvait l'arrêter, il méprisait tous les obstacles.

Pour garder une sainte indépendance dans sa conduite, il évitait de se créer des relations sociales, qui parfois deviennent des entraves, avec les personnages officiels ou semi-officiels. Pachas, effendis, chélébis, pas plus que chélébis, effendis ou pachas ne lui faisaient perdre le temps en visites inutiles. Cependant quand le devoir l'exigeait, il savait tenir dignement sa place, dans n'importe quelle société.

Citons quelques faits à l'appui de cette assertion.

Au commencement de son séjour à Bagdad, trois ulémas récemment promus à un grade quelconque à l'école supérieure musulmane de Soléimanieh, firent savoir au Père qu'ils seraient heureux de discuter avec lui sur certains passages difficiles de l'Évangile et du Coran.

Le Père accepta, à condition d'avoir la liberté de tout dire, dans la discussion, sans que ses adversaires pussent s'en offusquer s'il parlait contre leurs croyances. La condition ayant été acceptée, il y eut une série de huit ou dix conférences dans lesquelles se livra un vrai combat doctrinal. A la fin, les ulémas déclarèrent franchement que le Père était invincible. L'on se sépara, toutefois, bons amis.

Dans une autre circonstance, pour répondre au désir d'un mahométan qui voulait connaître la vérité, le Père Marie-Joseph l'instruisit avec soin sur la religion. Le catéchumène convaincu demanda le baptême. Mais le Père, par prudence, n'osa le lui donner à Bagdad. Il le fit partir en Palestine dans ce but.

Deux ans après, on vint annoncer au Père qu'un voyageur désirait lui parler. Étant très occupé à ce moment, il lui fit dire de revenir le lendemain.

Mais le lendemain on trouva le cadavre de

ce même voyageur dans les fossés de la ville. En le fouillant, on vit dans sa poche un certificat de bâptême signé par le Patriarche de Jérusalem. Cet homme était le converti du Père Marie-Joseph, qui, revenu dans sa ville natale, et ayant confessé sa nouvelle foi, avait été poignardé par son propre frère, comme le prouva l'enquête. Le Père se fit donner l'acte qui constatait l'identité du sujet. C'était, en quelque sorte, un témoignage de son martyre.

En 1874 un certain évêque oriental, aujourd'hui par la grâce de Dieu réconcilié avec Rome, passa par Bassorah pour aller bouleverser le Malabar. Il prétendit que l'église de la Mission des Carmes de cette ville appartenait à la nation chaldéenne. Pour repousser cette prétention injuste, le R. P. Préfet apostolique écrivit au consul de France, M. Destrées, un magnifique rapport.

Il prouva que cette église appartient à la mission des Carmes par la date de sa fondation 1623, et par ses diverses constructions aux XVIIe, XVIIIe et XIXe siècles, toutes mentionnées dans les livres des comptes de la mission. Il prouva encore par les registres de baptême, de mariages et de morts que cette paroisse avait été dès le principe, desservie par les Carmes. Il le prouva enfin par des pièces authentiques du Gouvernement Ottoman et de l'ambassadeur de France à Constantinople.

Ce rapport d'une logique irréfutable est écrit dans un style des plus énergiques. Le consul de France n'eut pas de peine à convaincre les autorités turques, grâce à ce document; et raison fut donnée à qui de droit.

Une fois, il eut à rompre une lance avec un consul de France lui-même; il la rompit en chevalier sans peur et sans reproche.

Un employé du consulat avait par une action inqualifiable mérité les reproches et le mépris d'un des bons paroissiens du Père Marie-Joseph.

Celui-ci prit le parti de la justice, et s'attira de ce chef la haine du coupable. Le consul, pour couvrir son subordonné, persécuta le paroissien en question, et fit rejaillir sa mauvaise humeur jusque sur le curé. Sur ces entrefaites le consul fut autorisé par son gouvernement à disposer du terrain de l'ancien consulat de Bassorah tombé alors en ruines. C'était un lot d'une certaine valeur.

Eh bien, on vit alors un spectacle curieux, pour ne pas employer une épithète plus adéquate. Ce consul pouvait donner ce terrain à la mission catholique et française, dont il était le protecteur attitré; il préféra en faire don à une communauté orientale, pour mortifier le Père, comme il l'avoua lui-même.

Cette manière d'agir souleva l'indignation publique, et fut jugée comme elle le méritait par des hommes intègres, entre autres par le consul anglais de Bassorah. Quant au R. P. Préfet, à qui s'adressait directement l'injure, il la souffrit sans rien dire. Il se tut pour l'honneur de sa patrie.

En vingt autres occasions, il montra une rare grandeur d'âme. Que de fois la ruse ou l'interêt lui tendirent des pièges. Que de fois ses plus généreux efforts et ses bienfaits les plus insignes furent payés par une noire ingratitude. Que de fois... Mais pourquoi insister? Notre vertueux missionnaire travaillait pour Dieu seul : le témoignage de sa conscience lui suffisait!

CHAPITRE XVII

FAITS DIVERS DE LA MISSION.

En 1879 arriva à Bagdad un nouveau missionnaire, le Père Gratien de Sainte-Anne, Carme français, déjà missionnaire dans l'Inde depuis quelques années. C'était un bon renfort pour la mission, car le Père parlait parfaitement l'anglais, et pendant les quelques années qu'il a demeuré à Bagdad, il s'est occupé d'une manière particulière des catholiques anglais de cette ville.

Vers le commencement de 1880, un jeune missionnaire vint donner une nouvelle impulsion à l'école de la mission. Ce fut le Père Jean-Joseph, de Bordeaux. Il se mit tout de suite à l'œuvre, réorganisa le programme des études, et tant qu'il resta à Bagdad, il s'occupa très activement de l'enseignement. Ce Père était très bon musicien. C'est à lui que l'école doit sa fanfare. Il jouait aussi de l'harmonium, et dirigait les chants liturgiques.

L'instruction des femmes avait été quelque peu négligée jusqu'à cette époque à Bagdad. Autrefois une congrégation, « Les Servantes de Dieu », fondée par Mgr Coupperie, avait bien eu une petite école arabe pour les filles, et plus tard, du temps du Père Xavier de Sainte-Marie, quelques Tertiaires du Carmel s'étaient aussi occupées sommairement de leur éducation ; mais les besoins nouveaux exigeaient des œuvres nouvelles.

Mgr Lion, administrateur du diocèse, fit une fondation de Sœurs de Charité de la Présentation de Tours. Les premières Sœurs arrivèrent à Bagdad le 29 décembre 1880. Elles étaient au nombre de cinq. Voici leurs noms : Mère Exupérie; Sœurs Anne, Victoria, Saint-Brice et Saint-Didier.

Sa Grandeur, connaissant à fond la sagesse et la prudence du R. P. Préfet, lui confia la direction des œuvres des Sœurs.

En octobre 1881, le R. P. Préfet alla à Bassorah pour y reconstruire l'église qui menaçait ruine. Il refit l'édifice a fundamentis, et construisit à côté deux petites écoles, une pour les garçons et une pour les filles.

Une remarque à ce sujet. Bien que les revenus de la mission fussent modiques, grâce à une sage économie, le Père faisait toujours les choses convenablement. Dans cette occasion, il vendit plusieurs vieilles maisons en ruines à Bassorah, et avec le produit de cette vente, il paya les constructions nouvelles. Il avait l'habitude de dire que le bon Dieu lui envoyait toujours l'argent nécessaire dans les moments difficiles, et que l'argent devenait rare lorsqu'il n'y avait pas de besoins pressants à la mission. De plus, il assurait que les secours extraordinaires arrivaient souvent les jours de fête de la Très Sainte Vierge.

En rentrant à Bagdad, au printemps de l'année suivante, il se remit à l'œuvre pour construire un couvent plus vaste et plus régulier que l'ancien, devenu désormais insuffisant.

La construction de ce couvent que la pénurie des ressources obligea à interrompre plusieurs fois, ne fut complétée qu'en 1888. Mais on peut dire, sans exagération, que cette bâtisse fait honneur à la mémoire de celui qui l'a élevée.

Dès le commencement de ce récit, nous avons dit que le Père Marie-Joseph avait mis dans ses plans de s'occuper de l'intéressante tribu des Soubbas, lorsque les circonstances le lui permettraient. Ce fut pendant l'automne de 1884 qu'il acheta à Amarah un vaste terrain, et qu'il y fit construire une maison dans le but d'y loger plus tard un missionnaire. En attendant, il chargea un prêtre chaldéen, qu'il avait obtenu du Patriarche, de faire une petite école aux enfants chrétiens, aux frais de la mission. Lorsqu'il s'agissait de faire du bien aux fidèles, il ne regardait jamais le rite auquel ils appartenaient : il était au-dessus de ces mesquineries ; et lorsque l'esprit étroit de ses adversaires s'offensait : « Peu importe, disait-il; il faut faire du bien aux Orientaux, même malgré les Orientaux », et il le faisait sans hésiter, même à ceux qui le combattaient à outrance.

A Mgr Lion, avait succédé, en 1884, Mgr Altmayer. Ce prélat, désireux de continuer et de développer les œuvres de son prédécesseur, acheta pour les Sœurs une grande maison où elles devaient être plus au large que dans l'évêché qu'elles habitaient depuis leur arrivée. Il construisit aussi, sur l'emplacement de l'ancien couvent des Servantes de Dieu, un magnifique asile pour les petits enfants.

Le Père Jean-Joseph, qui a si bien mérité de la mission par son dévouement à l'œuvre des écoles, quitta Bagdad en mai 1886. Il alla plus tard au Mexique, où il est mort.

Cette même année, deux des meilleurs élèves de l'école de la mission partirent pour Beyrouth afin d'y faire des études supérieures, et rentrer plus tard dans l'Ordre des Carmes déchaussés. C'étaient Thomas et Pierre Marini. L'aîné est mort au Liban ; mais le cadet est revenu à Bagdad, huit ans après, et tout le monde le connaît, sous le nom de P. Anastase-Marie de Saint-Élie, fervent missionnaire et arabisant distingué.

CHAPITRE XVIII

NOUVELLES ŒUVRES DANS LA MISSION.

Une mission est comme un champ de bataille. Lorsque la mort fauche dans ses sillons, si quelques guerriers tombent, d'autres soldats viennent les remplacer. Ainsi lorsque les ouvriers apostoliques disparaissent, enlevés par la mort, ou déplacés par l'obéissance, ils ont des successeurs qui prennent aussitôt leur place.

Le départ du Père Jean-Joseph fut suivi de près par l'arrivée de deux nouveaux missionnaires, les Pères Pierre de la Mère de Dieu et Joseph-Emmanuel de la Vierge, l'un et l'autre du couvent de Calahorra, en Espagne. Peu après, l'arrivée du Père Polycarpe de Marie-Joseph, alsacien français, coïncida avec le départ du Père Gratien pour le Mont-Carmel.

Le personnel ayant été renouvelé, augmenté et rajeuni, on put songer à créer de nouvelles œuvres.

La jeunesse de Bagdad manquait d'un lieu de réunion où elle pût s'amuser honnêtement, tout en s'instruisant et s'édifiant. La fondation d'un cercle catholique à l'instar de ceux qui font tant de bien en Europe pouvait combler cette lacune.

On se mit à l'œuvre. Le R. Père Préfet céda, pour l'installer, une petite maison attenant à l'école dans les bâtiments de la mission. Mgr Altmayer approuva les statuts de l'œuvre, et encouragea tous ceux qui en firent partie.

Vers la même époque, le R. Père Préfet, dévoré du désir de faire du bien aux déshérités de la fortune, conçut, au cours d'une de ses retraites, un projet que la Providence toujours bonne lui permit de réaliser.

Au sortir de sa retraite il confia son idée à quelqu'un qui était digne de la comprendre : c'était le fils de son ancien ami et bienfaiteur, M. Hannoche Asfar.

M. Gabriel reçut la confidence du Père. Il s'agissait d'organiser un service d'aumônes pour les chrétiens les plus pauvres, qui, poussés souvent par le besoin, se livraient au dévergondage, et qui pour la plupart, n'ayant pas fréquenté les écoles, croupissaient dans l'ignorance des vérités les plus essentielles au salut. Les réunir une fois par semaine pour les instruire et leur donner l'habitude de la prière, puis les amener graduellement à la pratique des sacrements et à des habitudes d'une vie vraiment chrétienne, était l'idéal entrevu. Mais pour attirer ces pauvres, pour les préparer à écouter d'une oreille docile les enseignements qui leur étaient si nécessaires, il fallait un appât, et cet appât serait une *aumône*. Mais où trouver les sommes nécessaires ? M. Gabriel, dont Dieu avait fait prospérer le négoce, offrit immédiatement une forte somme qu'il s'engagea à fournir périodiquement dans ce but généreux.

L'œuvre du mercredi était fondée. On choisit ce jour pour honorer saint Joseph, chef de la Sainte Famille.

Après la dernière messe, le mercredi matin, une sonnerie spéciale convoque les pauvres du quartier inscrits sur la liste de secours. Dès qu'ils sont réunis à l'église, ils récitent trois dizaines de chapelet : la première pour les âmes du purgatoire, la seconde pour l'extension du règne de Dieu dans tout l'univers, et la troisième pour les bienfaiteurs. Après quoi un Père leur fait une petite instruction, sous forme de catéchisme, et finalement on leur distribue un secours en argent, proportionné à leurs besoins.

Cette œuvre si belle continue à fonctionner dans la mission, grâce à l'inépuisable charité de M. Gabriel Asfar.

Bien plus, pour compléter le bien à faire à ces pauvres familles, le R. P. Préfet imagina d'établir une école spéciale pour leurs enfants; ceux-ci, faute de soins, passaient leur temps à errer dans les rues où naturellement ils couraient risque de se gâter.

Que faire? Comment réaliser ce vœu?... Il frappa à la même porte, il implora le même dévoûment; et M. Gabriel Asfar acheta au R. P. une vaste maison dans laquelle depuis cette époque des centaines de petits chrétiens pauvres ont été élevés.

L'amour, dit saint Augustin, ne dit jamais : C'est assez! La charité, qui est un amour répandu au dehors, tient le même langage. Et ces pauvres vieillards, estropiés, quelquefois aveugles, pouvait-on les abandonner? Le bon cœur du R. P. Préfet ne le souffrait pas. Il accommoda tant bien que mal deux ou trois chambres dans l'école des enfants pauvres, et y recueillit avec bonté quelques-uns de ces infortunés, auxquels il assura la nourriture et le vêtement. Un peu plus tard, on leur donna un local plus convenable.

« Ce que vous avez fait au plus petit d'entre les miens, c'est à moi que vous l'aurez fait! » a dit Notre-Seigneur dans l'Évangile.

Le bon Père dont nous écrivons la vie aura entendu au jour de son jugement ces paroles consolantes de la bouche même de Jésus, qui pour le récompenser lui aura dit : « Entre dans la joie de ton Seigneur, bon et fidèle serviteur. Tu as été le père des orphelins; les déshérités de la fortune ont trouvé en toi un charitable appui. Sois heureux sans fin! »

CHAPITRE XIX

DERNIÈRES ŒUVRES DU R. P. PRÉFET.

« Fais ceci et ne néglige pas cela », voilà un conseil pratique auquel le R. P. Marie-Joseph a conformé toujours sa conduite. Tout en développant les œuvres de la miséricorde, il ne négligeait pas le ministère paroissial et les œuvres scolaires.

A la paroisse, il était le type accompli du père des âmes. Ses prédications incessantes avaient un cachet évangélique qu'aucun des prédicateurs de Bagdad (soit dit sans offenser personne) n'a jamais égalé. Dans un style simple, mais correct, il insistait sans cesse sur l'enseignement de l'Évangile, qu'il commentait avec beaucoup de piété. « C'est le livre des livres », disait-il, et il avait raison.

Quand de nouveaux missionnaires arrivaient d'Europe, il exigeait qu'ils apprissent l'arabe dans le Catéchisme, l'Histoire Sainte et l'Évangile, et rien de plus. Ainsi il les préparait insensiblement à l'enseignement de la doctrine chrétienne et au prône qui est la prédication par excellence.

Fidèle aux traditions de la mission, il veillait avec soin aussi à faire progresser l'école, et c'est dans ce but qu'il l'avait agrandie en faisant de nouvelles bâtisses. Le P. Polycarpe dirigeait, pendant ce temps-là, les études avec compétence et dévoûment.

En 1894 le R. P. Préfet eut une grande consolation. Son ancien élève Pierre Marini revint à Bagdad en qualité de missionnaire. En revoyant ce fils chéri, il était près, disait-il, à chanter le *Nunc dimittis*. Mais le bon Dieu, qui voulait lui faire acquérir plus de mérites, le laissa encore sur le théâtre de ses labeurs.

Sur ces entrefaites, le P. Polycarpe, dont les premières amours de missionnaire avaient été pour l'Inde, avait demandé à y retourner. L'arrivée du P. Anastase-Marie lui permit de réaliser ce désir. Il partit en novembre, et le nouveau missionnaire le remplaça à l'école.

En février 1895, mourut à Bagdad un pieux fidèle, M. Achille Murat, secrétaire du Consulat de France. Par son testament il légua tous ses biens pour des bonnes œuvres, et nomma le R. P. Préfet exécuteur testamentaire. Cette pieuse largesse permit d'établir un Dispensaire en règle dans la maison même du défunt, désignée par lui pour cet usage.

Le bon P. Damien fut heureux d'avoir enfin un local bien organisé pour le service de ses chers malades. Hélas, il n'en jouit pas longtemps. L'année suivante il mourut lui-même.

La mort du vénéré P. Damien fut un deuil public pour la ville de Bagdad. Tous les pauvres sans distinction de croyance religieuse se lamentèrent ; car ils perdaient leur consolation et leur soutien. Pendant les trois jours que le drapeau de la mission resta en berne, de nombreuses scènes de douleur sincère inspirée par la reconnaissance eurent lieu dans la mission et au dehors. On répétait partout : « Padri-el-Hakim est mort ! Dieu l'aura récompensé au ciel. »

Ce départ pour l'autre monde de son plus fidèle collaborateur fut pour le R. P. Préfet un avertissement céleste. Il comprit que son tour ne tarderait pas à venir. Après une journée de travail et d'agitation, si l'ouvrier lassé voit venir l'heure du crépuscule, il laisse là les instruments du travail, et il se recueille avant de goûter le repos de la nuit. Notre vaillant missionnaire fatigué par trente-huit années de travail incessant, sentant déjà, malgré sa constitution robuste, les atteintes de la maladie, ayant presque perdu la vue par excès de lecture, et comprenant enfin que sa fin approchait, se mit insensiblement à la retraite, en se déchargeant sur des confrères plus jeunes et plus forts, d'une partie des devoirs de sa charge. Il avait formé ses missionnaires, il se prolongerait et se survivrait par eux dans la mission.

C'est vers cette époque qu'un décret du pape décida que les préfectures apostoliques qui se trouvaient dans le diocèse latin de Bagdad, c'est-à-dire Bagdad, Mossoul et Mardin, ne seraient plus préfectures, mais seraient appelées simplement Missions.

En 1897, deux nouveaux missionnaires, les P P. Marie-Joseph du Sacré-Cœur et Pierre-Marie, vinrent se mettre sous sa sage direction. Ils arrivèrent juste à temps pour jouir de sa vénérable présence, et s'instruire par ses exemples et ses conseils.

C'est alors que ne pouvant presque plus voir, et sentant ses forces l'abandonner, il distribua la direction des différentes œuvres entre ses coopérateurs, et il se retira pendant quelques mois au jardin, pour se livrer entièrement au recueillement, à la prière et se préparer ainsi à la mort.

Heureux le serviteur fidèle qui ne redoute pas la venue de son Maître et l'attend avec bonheur, souvent même avec impatience.

CHAPITRE XX

UN GLORIEUX ANNIVERSAIRE.

Quarante ans s'étaient écoulés depuis l'arrivée de R. P. Marie-Joseph dans la mission.

Le 6 janvier 1858 avait été la date de son entrée à Bagdad; le 6 janvier 1898 fut un jour glorieux pour la mission et pour son digne supérieur.

M. Rouet, consul de France, fidèle interprète des sentiments des missionnaires et des fidèles de Bagdad, avait demandé à son gouvernement une distinction honorifique pour reconnaître les services éminents et prolongés de ce champion de la foi et de la civilisation. Il obtint pour son protégé les palmes accadémiques.

Le 6 janvier la remise de ces palmes fut faite avec toute la solennité que méritait une telle action. Après une messe solennelle célébrée par le héros de la fête et suivie du chant du *Te Deum*, on se réunit dans la grande salle de

l'école où avaient été convoquées toutes les notabilités chrétiennes.

M. le Consul, en lui remettant la décoration et en lui donnant l'accolade, le félicita au nom du Gouvernement français de sa longue et fructueuse carrière en Orient, consacrée en entier à la propagande de la foi chrétienne et de l'influence française dont il fut toujours l'infatigable zélateur.

Reproduisons à ce sujet un article paru dans les « Chroniques du Carmel », Mars 1898.

« Une belle cérémonie réjouissait récemment la mission des Carmes déchaussés de Mésopotamie. On célébrait l'anniversaire de l'arrivée à Bagdad du R. P. Marie-Joseph de Jésus le 6 janvier 1858, en compagnie du P. Xavier de pieuse mémoire. Les Mages étaient allés de l'Orient vers le Couchant à la recherche du Sauveur, et voilà qu'en cette même fête de l'Épiphanie les missionnaires venaient de l'Occident apporter de nouveau en Chaldée la connaissance de Jésus-Christ.

« Durant ces quarante années, le R. P. Marie-Joseph de Jésus, devenu Supérieur de la mission, ne s'en était séparé que deux fois pour aller quêter en France de quoi bâtir une église, la résidence des Pères, un beau collège, l'église, la résidence de Bassorah, celle d'Amarah, etc.

« Les chrétiens étaient en fête. Les cérémoniesde la journée prenaient plus d'éclat, rehaussées qu'elles étaient par la musique du Collège.

« Son Éminence le Cardinal Ledochowski, Préfet de la Propagande, avait envoyé un télégramme de félicitation, et N. S. P. le Pape Léon XIII, sa bénédiction et son autographe.

« Mgr Nouri, évêque syrien, et les prêtres des divers rites unis, chaldéens, syriens, grecs-catholiques, arméniens, étaient venus manifester par leur présence la joie que leur causait la distinction accordée à celui qu'ils regardent comme un vivant modèle d'humble et profonde piété et de prudence.

« L'assistance était composée des anciens élèves du collège, aujourd'hui l'élite de la société de Bagdad.

« Par une attention d'une délicatesse charmante, M. G. Rouet, consul de France, a fixé lui-même les palmes d'Académie sur l'habit de ce vénérable religieux en une séance solennelle. Le consul de Russie avait aussi pris part à ces fêtes. Il n'est personne qui n'ait applaudi à l'honneur fait à celui qui n'a cessé, depuis quarante ans, de se dévouer sous toutes les formes du bien. »

L'*Univers* du 2 février donnait l'entrefilet suivant :

« Partout les missionnaires démontrent avec

surabondance qu'ils méritent bien de la civilisation et de la patrie. Dans le courant du mois dernier, les Carmes de Mésopotamie ont fêté le quarantième anniversaire de l'arrivée dans la mission du T. R. Père Marie-Joseph de Jésus, leur supérieur.

« A cette occasion, M. Rouet, vice-consul de France, a demandé et obtenu les palmes académiques pour ce respectable religieux qui depuis 1858 a travaillé à répandre dans Bagdad et dans toute la région, la connaissance de notre langue et l'amour de notre pays. Sous la direction du R. P. Marie-Joseph l'école des Pères est devenue un important établissement sur lequel flotte le drapeau français. L'église des Francs dont la coupole domine la ville, d'autres édifices dépendant de la mission à Bagdad, à Amarah, à Bassorah, sont dus à l'initiative et à l'activité du vénéré supérieur. »

Ayant appris la distinction envoyée au P. Marie-Joseph par le Gouvernement français, la Congrégation de la Propagande lui a adressé la lettre suivante :

« Rome, le 23 décembre 1897.

« Révérend Père,

« Notre Congrégation a appris que Votre Révérence se dispose à célébrer solennellement, au jour de l'Épiphanie, le quarantième anniversaire du jour où vous commençâtes votre ministère apostolique en ces régions. Il est juste que vos confrères et les fidèles vous félicitent de la bonté de Dieu à votre égard ; mais notre congrégation aussi croit devoir vous donner un témoignage de la joie que lui cause votre long ministère et de la satisfaction qu'elle éprouve à la vue des travaux que vous avez accomplis dans votre mission. C'est ce qu'elle fait par la présente lettre. En même temps elle a le bonheur de vous annoncer que N. S. P. le Pape vous donne sa bénédiction apostolique.

« Daigne Dieu vous conserver.

« Votre très dévoué serviteur,

« M. Card. LEDOCHOWSKI, *préfet.*

« *A. Archiep. Larissen., secr.* »

CHAPITRE XXI

MORT DU R. P. MARIE-JOSEPH.

Lorsque après sa brillante carrière l'astre du jour est prêt à disparaître à l'horizon, il se produit un phénomène étrange et majestueux. Subitement tout le couchant paraît en feu; le disque du soleil augmente de volume, le spectateur étonné et attendri le fixe comme pour le retenir encore au-dessus de la surface de la terre, mais l'élan est donné, le globe lumineux descend graduellement et bientôt il disparaît tout à fait. Ainsi en est-il des hommes qui ont tracé dans leur vie un sillon lumineux; avant de s'éteindre complètement, ils jettent un dernier éclat.

La manifestation solennelle dont le quarantième anniversaire de la vie apostolique du P. Marie-Joseph fut l'occasion a donné son dernier éclat au couchant glorieux de cet homme juste, de ce vaillant missionnaire.

Après que les derniers échos de la fête du

6 janvier eurent cessé de résonner à son oreille, le R. Père se retira de nouveau dans la solitude du jardin, et continua pendant quelques mois à mener une vie presque exclusivement contemplative. Il revenait de temps en temps en ville, mais il préférait le jardin.

Ses forces s'affaiblissaient. Une hernie étranglée dont il souffrait depuis quelques années devenait de jour en jour plus incommode. Ses digestions étaient mauvaises; il perdait peu à peu l'appétit, et il toussait sans cesse. Tous ces symptômes alarmaient les missionnaires et les amis de la mission. Mais qu'y faire? Nous vivons dans un monde où tout doit finir!

Dans les premiers jours d'août le vénérable vieillard se sentit plus incommodé, et le 10 on jugea prudent de le ramener en ville, afin de le mieux soigner.

Enfin le 12 août au matin, il sentit ses souffrances redoubler. Les deux médecins qui le soignaient l'ayant examiné, déclarèrent que la mort était proche. On lui administra les derniers sacrements qu'il reçut avec connaissance et ferveur. Il reçut encore la visite de Mme Gabriel Asfar, de M. Joseph Asfar et de Mgr Altmayer qui lui donna la bénédiction papale *in articulo mortis*.

Le pauvre moribond ne pouvait plus parler, mais il murmurait des prières, et enfin il s'éteignit vers midi et demi, en récitant, entre les lèvres, l'Ave Maria.

A la nouvelle de cette mort toute la ville fut émue. Les vieillards l'avaient connu dès leur enfance, et tous les autres chrétiens d'âge mûr ou jeunes encore, le connaissaient dès leur naissance. Il était le père de tous les chrétiens, soit qu'lis appartinssent à sa paroisse, soit qu'il les eût élevés à l'école, instruits au catéchisme, évangélisés par sa prédication ou édifiés par sa conduite. Tous étaient frappés, consternés par la nouvelle de cette catastrophe. Il semblait que la pierre fondamentale du quartier chrétien de Bagdad était ébranlée, et que sa plus ferme colonne était renversée.

Ses obsèques, que la forte chaleur obligea de précipiter, eurent lieu au milieu d'un concours immense de peuple. Tout le corps consulaire était présent. Le clergé oriental de tous les rites s'était joint aux pères missionnaires pour rendre les derniers honneurs sacrés au défunt. Sa Grandeur Mgr Altmayer présida la cérémonie, et son secrétaire le R. P. Augustin Sayegh, de l'Ordre des Dominicains, et ancien élève de l'école des Carmes de Bagdad, se fit l'éloquent interprète de la douleur générale dans une pathétique oraison funèbre, au milieu des sanglots de l'assistance.

Beaucoup de fidèles qui avaient une haute

opinion de la sainteté du défunt et une grande confiance dans son intercession s'approchèrent du catafalque pour baiser les pieds et les mains du cadavre, et lui faire toucher des images, des rosaires et d'autres objets de dévotion.

L'absoute finie, on fit évacuer l'église et le corps fut descendu dans le caveau mortuaire des Carmes missionnaires qui se trouve au milieu de l'église, sous la grande coupole bâtie jadis par lui.

C'est là, en face du tabernacle et entre les deux autels latéraux, de la Vierge Marie qu'il a tant aimée et tant exaltée, et de saint Joseph son protecteur favori, que sa dépouille mortelle attend l'heure de la résurrection des corps pour aller rejoindre son âme qui, nous l'espérons, jouit déjà au ciel du bonheur des élus !

TABLE DES MATIÈRES

www.ingramcontent.com/pod-product-compliance
Ingram Content Group UK Ltd.
Pitfield, Milton Keynes, MK11 3LW, UK
UKHW020245220726
13923UKWH00002B/823